조선은 사또의 나라다

신광재 지음

좋은땅

시작글

　우리에게 친숙한 '사또'는 조선 후기 판소리계 소설이었던 춘향전의 영향을 받아 부정부패의 상징으로 자리매김하였다. 지금도 잘못된 징계와 재판에 대하여 조선 시대 사또 재판, 원님 재판이라고 빗대기 일쑤다. 사또 혼자 북 치고 장구 치는 재판이 공정하지 않다는 것이다. 소위 사또는 '나쁜 놈'의 프레임이 쓰여 있다.

　이 책은 사또의 통치력이 '옳다', '그르다'라는 이분법의 미로에서 빼내주고 싶은 마음에 글을 쓰게 되었다. 성웅 이순신에서부터 이황, 이이, 정약용에 이르기까지 조선의 내로라하는 위인들도 젊은 시절 지방으로 내려와 사또로 일하였다. 조선의 관료는 과거시험이었던 문과와 무과에 합격하면 일정 기간 외관직인 사또로 3년 이상 일해야 했다.

　사또의 일은 왕을 대신하여 지방의 행정, 사법, 군사를 총괄했으며 그중 소송업무를 가장 중요시하였다. 그렇다면 모든 사또가 재판을 공정하게 열지 않아서 억울한 백성이 속출했을까? 결코 아니다. 조선 시대도

　　　　　　　　　　　　조선은 사또의 나라다

엄연한 3심제도가 존재하였고 불공정한 재판은 극소수에 지나지 않았다. 이 책에서도 재판에 관한 이야기를 다루고 있다. 재판을 잘못한 사또의 최후가 어떻게 되는지 알 수 있을 것이다.

구구절절 사또를 변명하려고 이 책을 쓴 것은 아니다. 조선 시대 관리였던 사또의 통치행위가 백성에게 막대한 영향을 미치는 것을 일깨워 주고 싶었다. 지금도 명칭이 조금 다를 뿐 지방자치단체의 시장, 군수가 사또의 업무를 대신하고 있다. 이 책의 등장인물은 사또와 아전(6방을 비롯한 관원), 그리고 지역 토호인 품관이다. 이들이 상호 경쟁을 하기도, 갈등을 초래하기도 하면서 고을이 이들의 손에 움직인다. 고을의 원님인 사또는 지금의 시장, 군수이며, 아전은 공무원, 그리고 품관은 지방의회라고 생각하면 이 책을 이해하기 쉽다.

현재와 500년 전 시스템은 명칭과 체계만 조금 다를 뿐 대동소이하다. 이 책을 읽어 나가다 지방자치단체에서 일어나고 있는 사건과 판박이라는 점에 놀라지 말기 바란다. 500년 동안 소 잃고 외양간을 고치지 않고 있어서다. 지방자치단체장을 비롯한 공무원, 지방의회 의원들에게 이 책이 조금이나마 도움이 되었으면 하는 바람이다.

1800년대로 접어들면서 백성의 삶은 그야말로 참담했다. 세도 정치와 정권 다툼으로 지배층은 백성을 다스릴 능력을 잃었고 백성을 착취하는 양반들의 횡포는 극에 달하였다. 그나마 다행스러운 건 사또의 선정이 백성의 안위를 지켜 주기도 하였다. 관고의 곡식을 풀어 배고픈 백성을 구호하였으며 조정의 막대한 세금을 감면하는 추진력도 있었다. 백성의 삶이 뿌리째 흔들리고 있을 때 희망의 끈을 놓지 않도록 밑거름이 되어 준 이도 사또였다.

이 책에 등장하는 20여 명의 사또는 실제 인물들이다. 가공의 인물이 아닌지라 소설처럼 멋진 상상력을 발휘하지 못하였다. 하지만 쉽고 재미있게 읽을 수 있도록 사실을 바탕으로 일부는 소설형식을 빌렸다. 야사(野史)보다는 조선왕조실록과 승정원일기, 비변사등록 등 정사를 중심으로 고을에서 일어난 크고 작은 이야기를 다루었다. 실존 인물들이었기 때문에 공연히 허위의 사실을 적시하여 사자(死者)의 명예를 훼손시키지 않으려고 노력하였다. 다만 우리가 오해하고 있거나 잘못 알고 있는 인물에 대해서는 용기를 내어 진실을 밝혀 내기 위해 신중하고 깊이 있게 역사서를 바탕으로 재조명하였다.

역사는 힘 있는 자, 권력을 잡은 세력만이 역사서에 한 줄이라도 남겨진다. 하지만 기록의 중요성보다 그 과정에서 일어나는 온갖 이야기, 그중 소시민의 발자취를 찾으려 하였다. 대한민국의 주인이 국민이듯, 500년 전 주인도 당연히 백성이었다. 그래서 사또가 이 책의 중심에 있지만 민초의 삶, 즉 백성이 주인공이다. 코로나 19로 모두가 힘든 지금, 잠깐잠깐 바쁜 일상을 쉬어 가면서 이 책이 쉼표의 역할이 되었으면 하는 바람이다.

이 책이 나오기까지 많은 분의 도움이 있었다. 언제나 응원해 주는 가족과 친구, 선후배에게 큰 도움을 받았다. 여러 가지로 문제점을 지적해 준 위주영 선배와 전반적인 기획을 도맡아 준 임철의 대표님, 그리고 그린프로덕션 작가님에게 감사하다.

2021년 6월.

목차

1장 봄바람에 실려 온 사랑

2장 살인을 부른 여름 어느 날

3장 새빨간 단풍에 취해

4장 추운 겨울을 나려고

1장

봄바람에 실려 온 사랑

목숨과 맞바꾼 사랑, 조선의 '파우스트'
광주목사(光州牧使) 신보안

1428년(세종 10년) 봄

조선 태종 때 풍해도(豊海道, 지금의 황해도) 경력(經歷, 관찰사 비서실장)과 영광군수(靈光郡守)를 지낸 신보안(辛保安)이 1428년 봄에 광주목사로 제수되었다. 수려한 외모와 낭만적인 성품의 그는 젊은 시절 황해도 관찰사 밑에서 관아의 실무를 총괄했다.

그 뒤 전라남도 영광군수로 일하면서 지방행정에 능수능란함을 발휘하였다. 부임 첫날, 지역 토호와 아전, 광주목(光州牧) 관아에서 일하는 노비, 관기, 통인 등 신임 사또의 눈에 들기 위하여 앞다퉈 인사를 하였다.

그러나 신보안은 그런 요식 행위가 거추장스러워 업무를 마치자마자 숙소로 마련된 내아로 곧장 향하였다.

피곤한 몸을 이끌고 거리를 걷던 신보안은 문득 들리는 여성들의 웃음소리에 발길을 빼앗겼다.

웃음소리는 커다란 저택 담 안쪽에서 들려오고 있었다.

무엇에 홀린 듯 신보안은 사또로서의 체면도 잊은 채 발끝을 들어 담

안쪽을 탐하였다. 그리고 기어이 그녀를 보고 말았다.

커다란 가옥의 대청마루에는 일당의 여인들이 앉아 담소를 나누고 있었다. 화려한 치장과 복색으로 그녀들이 평범한 여인들이 아님을 쉬이 짐작할 수 있었다.
신보안의 시선은 그녀들 중 유독 하얀 피부에 매화빛깔의 입술이 고혹적인 한 여인에게 머물렀다.
여인은 신보안의 눈길을 알아챘지만 오히려 당돌하게 담장 너머 낯선 남성에게 가느다란 눈웃음을 흘렸다.
신보안은 그녀에게 완전히 매료되었다.

"사또!"

보안은 자신의 수발을 들며 따르는 오한이 부르자 그제야 자신의 물색을 새삼 깨닫고 숙소로 가는 발걸음을 재촉했다.

신보안은 다음 날 업무를 보는 내내 그녀를 머리에서 지우지 못했다. 잊기 위해 애쓰면 애쓸수록 점점 선명해졌다.
급기야 보고 있던 업무를 미루고 오한을 서둘러 불렀다.

"오한아! 오한아!"
"예. 사또 찾으셨사옵니까?"
"어제 그 아이가 누구더냐?"

"누구 말씀이십니까?"

"내아 가는 길목 큰 가옥에 있던 여인 말이다."

"그 여인은 관아기생 소매라 하옵니다."

"소매? 작은 매화라… 곱구나. 관기라 하였느냐, 허면 당장 연회를 열고 그 기생을 불러라."

하늘 같은 상관의 명령에 오한은 즉각 답하지 못하고 우물쭈물했다.

"이 일을 어찌할꼬…."

"이놈! 왜 대답이 없느냐?"

"사또… 그것이… 어제 그 집이 누구 집인지 아시옵니까?"

"무슨 엉뚱한 질문이냐? 내가 그것을 어찌 알겠느냐?"

"그곳은 전 호군(護軍) 노홍준의 집이옵니다. 사또께서 연회를 위해 소매를 부르라 하시면 그것이 관기의 역(役, 일)이라 문제는 없습니다만 소매가 노홍준의 첩이라…."

호군은 조선 5위(衛) 소속의 정4품의 높은 무관직이다.

조선 초 중앙군 지휘관을 장군으로 부르다가 이후 호군으로 바뀌었다.

신보안의 위치는 정3품으로 노홍준보다 위였지만 그것이 그리 단순치 않았다.

노홍준은 호군으로 은퇴하고 고향으로 내려와서 유향소와 관아를 오가면서 영향력을 발휘했을 것이다. 때문에 지역에서 만큼은 그 위치와 권력이 막강했다.

그런 자의 첩이라니…. 자칫 관리끼리의 힘 싸움이 될 수 있었다. 때문에 전 호군이라는 소리에 신보안은 움찔하였다.

오한은 그런 신보안의 걱정을 짐작하고 신음처럼 혼잣말을 뱉었다.

"(혼잣말로)장군 출신이라 무예도 뛰어나…."

"상관없다."

"예? 하오나…."

"내가 이 지역의 사또 아니더냐. 관기를 불러 신임 사또가 부임한 연회를 열겠다는데 무엇이 문제냐?"

관기는 양반의 첩이 될 수 있었지만, 반드시 관아 행사에서 춤을 추거나, 가야금 등 악기를 등을 연주하는 역(役)을 해야 했다.

며칠 뒤 노홍준이 없는 틈을 타 신임 사또의 부임 연회가 열리고 관기들이 총출동하였다.

관기는 신분은 천민이었지만 조선 시대 최고의 자유 여인이었다. 관아 행사가 있는 날, 춤과 노래, 악기를 연주하면서 자신의 '끼'도 마음껏 발휘하였다.

그래서 입는 옷과 노리개, 머리 스타일이 그 시대 맵시꾼이었다. 시집은 갈 수 없었지만 양반의 첩으로 들어가서 화려하게 치장하고 자신의 미모를 뽐낼 수 있었다.

소매의 화려함과 자태는 이미 관아 최고였고 신보안은 가까이에서 그녀의 고운 춤과 고고한 자태를 보고 이미 마음을 몽땅 빼앗겼다.

조선은 사또의 나라다

"가까이 오거라."

　신보안의 명령에 소매가 그의 곁에 앉아 술을 따랐다.
　술잔을 입으로 가져가면서도 신보안의 시선은 소매의 발끝부터 머리 끝까지 훑어 오르는 데 거침이 없었다.
　소매는 이를 아는지 모르는지 신보안과 눈도 마주치지 않은 채 잠자코 앉아 있었다.

"너의 이름이 무엇이냐?"
"소매라 하옵니다. 전 호군 노홍준 장군님의 첩이지요."

　신보안은 그녀의 뒷말에 눈썹이 올라갔다.
　이름을 묻는 물음에 그녀는 왜 자신이 누구의 여자인지 덧붙였을까.
　의도야 무엇이든 이미 소매를 향한 연정으로 가득했던 신보안의 얼굴 이 화기로 가득 찼다.

"너는 오늘 밤 나의 처소에 들라."

　신보안은 강압적인 억양과 함께 소매 앞에 보따리 하나를 툭 내던졌다.
　안에는 기녀가 좋아할 만한 화려하고 값비싼 패물이 가득했다. 관아 창 고에서 가져온 물건들이었다.
　소매는 그중 가장 화려한 장신구 하나를 들었다. 신보안은 의기양양한 표정으로 소매를 내리깔아 보았다.

그러나 소매는 그 장신구를 내려놓았다.

"사내들이란 어찌 예쁜 꽃만 보면 꺾으려 하는 것입니까. 때론 아껴 주고 지켜 주고 보듬어 줘야 하는 꽃도 있사옵니다."

소매는 보따리를 신보안 쪽으로 되밀었다.

그 자리에 모여 있던 다른 관리들과 기녀들 모두가 놀랐다. 모두 어찌할 바를 몰라 새로 부임한 사또의 눈치를 살폈다.

사또는 한낱 기생이 거부할 수 있는 존재가 아니었다. 심기를 거슬렀다가는 협박이 아니라 정말 제 명대로 못 살 수도 있었다.

그렇기에 사또의 불호령이라도 떨어질까 모두가 숨죽여 지켜 볼 수밖에 없었다.

그러나 신보안의 행동은 모두의 예상과 달랐다. 그는 그냥 조용히 일어나 자리를 떠났다.

신보안은 다음 날부터 낮에는 사또가 살펴야 할 일에 충실하고 밤에는 시를 지었다. 때로는 그림을 그렸다.

저잣거리에 시찰을 나가 고운 옷감을 한 필 샀고 고목 나무 밑에 곱게 핀 들꽃을 꺾지 않고 작은 화분에 옮겨 담았다.

그리고 매일 소매에게 자신의 진심을 담아 보냈다.

그는 그녀에게 기생 한 명을 취하려 함이 아님을 전했다.

신보안은 어느덧 소매에게 깊은 연정을 품었고 그의 마음은 그녀에게 닿고 있었다.

사또와 소매의 불륜 스캔들이 순식간에 광주 고을 곳곳에 퍼졌다. 그 기간 동안 잠시 집을 비운 노홍준만 모르고 있었다. 5위(衛)에서 노홍준 밑에서 일했던 전 사정(司正, 정7품) 김전이 조심스럽게 술자리에서 이야기를 꺼냈다.

"호군 나으리! 요즘 소매가 저녁마다 관아를 다녀오지 않던가요?"
"또래 기생들과 어울리려고 교방(관기의 숙식처)에 날마다 출근을 하던데."

머리를 긁으며 안타까워하던 김전이 입을 열었다.

"아이고. 불쌍도 하셔라. 신임 사또와 소매가 바람이 난 걸 모르시니…. 나리만 모르시고 온 동네 사람들은 다 아는 이야기입니다."
"그럴 리가? 내가 집을 비운 지 석 달 밖에 안 되었는데 그새 그게 말이 되느냐."
"제가 며칠 전 저녁에 소매랑 사또가 함께 방으로 들어가는 걸 보았습니다."

노홍준은 마시던 술잔을 냅다 김전의 앞면에 던져 버렸다.

"이놈! 입 다물어라. 소매에게는 나쁘다. 다 헛소문이다!"

이야기가 끝나기도 전에 성질 급한 노홍준은 자리를 박차고 집으로 달려갔다. 집에 도착한 그는 나름 숨을 고른 후 모른 척하고 소매에게 물었다.

"오늘은 교방에 가지 않느냐?"

"나리께서 오시면 가려던 참이었습니다. 나리도 오셨으니 교방에 놀러 갔다 오겠습니다."

  노홍준은 조용히 뒤를 밟기 시작하였다.

  소매가 교방으로 가는 척하면서 사또가 기거하는 내아로 들어가는 것을 보고 눈이 뒤집혔다.

  김전의 말이 맞았다. 내아 문을 발로 차고 들어가려던 찰나, 내아 청지기가 막아섰다. 눈치 빠른 청지기가 사또가 듣게끔 큰소리로 노홍준에게 물었다.

"이 밤중에 무슨 일로 사또의 처소에 오는 것이오?"

  성질 급한 노홍준이 청지기를 냅다 발로 찼다. 청지기가 종이짝처럼 날아갔다.

"비키거라! 소매야! 소매야!"

  노홍준은 사또의 방으로 뛰어 들어갔다.

  그리고 속곳 차림의 소매를 보니 오장육부가 뒤틀리는 것 같았다.

  노홍준은 무어라 말도 없이 그대로 신보안에게 발길질을 날렸다. 신보안은 간신히 팔로 막았지만 노홍준의 힘이 어찌나 센지 뒤로 데굴데굴 굴렀다.

노홍준이 소매의 손목을 우악스럽게 잡았다.

"가자!"

노홍준의 손에 끌려 내아의 마당까지 끌려 나온 소매의 다른 팔을 뒤따라 나온 신보안이 잡아챘다.

"더 망신당하고 싶지 않으면 놓으시오."

분노에 일그러진 얼굴로 노홍준이 신보안을 노려보며 말했다.

"아악!"

두 남자가 서로 마구잡이로 끌어대는 통에 소매가 고통의 비명을 질렀다.

"소매가 이리 아파하지 않습니까? 둘 다 일단 소매를 놓읍시다."

손을 놓은 신보안의 말에 잠시 멈칫하던 노홍준도 손을 놓았다.

"남의 첩을 탐하다니 그게 사또가 할 짓인가?"
"연모하는 사내에게 가겠다는 여인을 힘으로 옭아매 두는 것은 참으로 치졸한 짓 아니오?"

조선은 사또의 나라다

치졸이라는 말에 노홍준의 인내심은 한계에 달했다.

그는 금방이라도 신보안을 때려죽이려는 듯 자세를 잡았다. 그런 노홍준의 의중을 알아챘는지 신보안도 자세를 잡았다.

차가운 달밤 두 남자 사이에 뜨거운 공기가 흘렀다.

먼저 움직인 것은 노홍준이었다. 신보안의 얼굴에 주먹을 날렸다. 무장출신답게 빠르고 정확했다. 그러나 신보안도 만만치 않았다. 날랜 동작으로 몇 발짝 물러나 주먹을 피했다.

그리고 노홍준을 향해 주먹을 날렸다.

신보안의 주먹이 노홍준의 안면을 강타했다.

"이게 다냐?"

신보안의 주먹을 받아 낸 노홍준이 씨익 웃어 보였다. 그리고 쉴 새 없이 강한 주먹을 연달아 휘둘렀다.

신보안은 피하고 막았으나 완벽하지 못했다. 노홍준의 주먹을 몇 대 정타로 맞은 신보안의 다리가 풀렸다.

노홍준은 있는 힘껏 신보안의 복부를 발로 후려 찼다.

컥! 소리를 내며 신보안이 바닥에 널브러졌다.

"나으리!"

소매가 눈물을 흘리며 신보안을 끌어안았다.

정신을 잃은 그의 얼굴을 소매가 어루만졌다.

노홍준이 그 모습에 어금니를 꽉 물었다. 그리고 그대로 소매를 들쳐 메고 내아를 빠져나갔다.

그날 밤부터 신보안은 처소에 드러누워 꿈쩍도 하지 못했다. 오한에게 관아의 사람들 모두를 소집시켜 입단속을 시켰다.

"너희들! 오늘 있었던 일은 절대 밖으로 새어 나가지 않도록 유념하거라."

당시 수령은 행정권과 사법권을 모두 지니고 있어서 무소불위의 권력 을 휘두를 수 있었다.

그러나 신보안은 노홍준과 소매에게 어떠한 조치도 하지 않았다.

——
4월

"그냥 절 죽여 주십시오."

아침 일찍 노홍준이 울부짖는 소매를 결박하여 사또의 거처인 광주목 '하모당' 동헌으로 들어왔다.

분이 풀리지 않아 정말로 소매를 죽이려는 듯 했다.

"호군 나으리! 잠시 멈추어 주십시오."

조선은 사또의 나라다

기생 '영백주'가 교방에서 뛰어나왔다. 나이가 지긋한 영백주는 기생의 우두머리인 행수기생이었다.

　영백주가 노흥준에게 소매를 소개했을 가능성도 있다.

　결박된 소매를 보고 영백주가 화들짝 놀랐다.

"나으리! 사랑하는 애기(愛妓)를 결박하시다니요? 무슨 잘못이 있기에 소매를 꽁꽁 묶은 것입니까?"

　흥준의 얼굴이 붉어졌다.

"너도 알다시피 내가 얼마나 아껴 주었더냐? 그런데 이년이 사또랑 바람이 나 버렸다."

"나리 소문만 듣고 이러시면 안 됩니다. 나리를 시기해서 소문이 난 것 아닙니까?"

"이 두 눈으로 직접 보았다. 에잇! 또 생각하니 미쳐 버리겠구나."

　사또와 소매의 불륜은 온 마을에 퍼져서 영백주도 그 관계를 알고 있었다.

"참으셔야지요. 얼마나 이쁘고 어린 기생이 많은데요. 양반네들이 기생 하나 가지고 다툼한 소문이 나면 무슨 창피입니까?"

　관기의 우두머리답게 영백주가 아픈 곳을 찔렀다.

"너는 빠지거라. 연놈이 바람났으니 소매를 사또에게 주려고 온 것이다."

"나리! 기생이 물건도 아니고 주고 말고가 무슨 말씀입니까? 소매를 사또에게 주겠다는 것은 예의를 생활의 기본으로 삼는 사대부의 모습이 아닙니다. 그리고 지난밤 일이 소문나면 고을이 시끄러워질 것입니다. 진정하시고 소매를 데리고 집으로 돌아가십시오."

영백주의 말이 옳았다. 관아 아전들이 멀리서 이 광경을 보고 있는 걸 알아차린 노홍준은 못 이긴 척하면서 소매의 결박을 풀어 주었다.

노홍준을 걱정해 주는 척하면서 달랬던 영백주는 기생이었지만, 사대부의 부패한 도덕성을 신랄하게 꾸짖는 당찬 여성이었다.

노홍준은 그제야 정신이 번쩍 들었다. 사건이 커지면 위선적인 사또도 문제가 되지만, 자신도 광주 고을에서 살기 힘들 거란 걸 직감하였다. 그제야 흥분을 가라앉힌 노홍준은 사또 방을 향해 침을 한번 뱉고 돌아갔다.

관아에 있는 교방(敎坊)은 기생을 관장하고 교육을 맡았었다. 기생은 특기에 따라 부르는 이름도 달랐다.

춤을 잘 추는 기생은 무기(舞妓), 노래를 잘하는 기생은 성기(聲妓) 또는 가기(歌妓), 악기를 잘 다루는 기생은 현기(弦妓) 또는 예기(藝妓)라 하였다. 외모가 빼어난 기생은 미기(美妓), 가기(佳妓), 염기(艶妓) 등으로 불렸다.

나이가 지긋한 기생은 장기(壯妓), 이로운 일을 한 기생은 의기(義妓), 기생의 우두머리는 행수기생, 도기(都妓)라 불렸다.

조선은 사또의 나라다

조선 후기 관기 이외에 민간인을 상대로 몸을 파는 기생은 창기(娼妓) 또는 천기(賤妓), 한물간 기생 즉 퇴물 기생은 퇴기(退妓)라 하였다.

소매는 외모가 뛰어난 미기였다.

아침 일찍 노홍준의 소동을 몰래 엿들었던 신보안은 힘없이 한숨을 쉬었다. 종일 멍하니 관아 서쪽에 자리한 교방만 바라보고 있었다.

퇴근 무렵이 되자 소매가 보고 싶었다. 내아로 가는 길에 하필 노홍준의 집이 있었고 그곳에 소매도 함께 있었다. 노홍준의 집을 피해 충분히 돌아갈 수 있었지만, 신보안의 마음은 허전하였다.

"오한아! 일찍 들어가야겠구나!"

"사또 나으리. 오늘은 시간이 조금 걸려도 돌아서 내아로 가시지요. 쇤네가 모시겠습니다."

그러나 신보안은 오한의 말대로 돌아가지 않았다. 혹여나 싶은 마음으로 노홍준의 집 앞을 지나갔다.

담벼락을 사이에 두고 몰래 소매와 눈 맞춤한 게 언뜻 생각이 났다.

신보안은 자신도 모르게 노홍준의 담벼락을 기웃거리다 그만 노홍준과 눈이 마주쳤다. 홍준이 쏜살같이 뛰어나왔다.

오한이 급히 신보안을 끌었다. 신보안은 마지못해 자리를 피하려 했다. 뒤에서 노홍준의 야질이 들려왔다.

"저것도 관리라고…. 쯧쯧."

신보안은 아무 말도 못 하였다. 본디 심성이 착한 데다 낭만주의자였던 신보안은 혹시 오늘 일로 소매가 홍준에게 맞을까 봐 걱정이 앞섰다.

"말이 지나치시오! 임금님을 모욕하는 언사는 삼가시오."

홍준이 콧방귀를 뀌었다.

"다음에 걸리면 허리가 부러질 것이다."

심한 모욕을 받고도 말 한마디 못 한 신보안은 그 자리를 피하기에 급급하였다.

곧바로 홍준은 소매의 머리카락을 모두 잘라 버리고 관기의 일을 못 하게 하였다.

국가 재산이었던 관기는 역(役)을 하지 않으면 그에 따른 죄가 있었다. 그러나 노홍준에게 그 누구도 죄를 묻지 못하였다.

아전과 지역 양반들은 오히려 사또보다는 노홍준의 눈치를 보는 형국이었다. 그만큼 홍준은 광주에서 막강한 힘이 있었다.

4개월 동안 관기 일을 못 하도록 집에 가둬 버렸지만 신보안은 어찌할 도리가 없었다. 자신도 지은 죄가 있던 터라 관기의 역을 못 하게 한 노홍준에게 죄를 묻지 못하였다.

"소매야 내가 해 줄 수 있는 것이 이 정도밖에 없구나."

신보안은 소매를 기적(妓籍, 관기 명단)에서 지워 주었다.

4개월 넘게 소매를 보지 못한 신보안은 식음을 전폐하고 자리에 누웠다. 노홍준에게 맞은 창피함보다 소매가 보고 싶은 마음이 우선이었다. 하루하루 건강이 나빠지고 마침내 전염병인 '이질(痢疾)'에 걸려 1428년 7월 22일 숨지고 말았다.

이 소식을 듣고 신보안의 죽음에 책임을 물을까 겁이 난 노홍준은 곧바로 소매를 관아 교방으로 보내어 다시 일하도록 하였다.

신보안은 한 달간 소매와 사랑을 나누고 4개월간 시름시름 앓다가 세상을 떠난 불운한 사또였다. 그래도 멋진 남자였다.

자신과 사랑을 나눈 기생을 기적에서 삭제해 줄 정도로 소매를 아껴 준 로맨틱한 남자였다.

사랑과 목숨을 바꾼 조선의 파우스트였지만, 이 사건의 불똥은 엉뚱한 곳으로 튄다.

바로 조선 최초의 읍호강등(邑號降等) 사건이다.

신보안과 소매의 사랑은 이로 인해 오늘날 비난을 받게 된다.

___

1429년(세종 11년) 11월 13일

신보안이 사망한 후, 1년이 넘어서야 이 사건이 세상에 알려졌다. 신보안의 처자식도 사건이 알려지는 걸 꺼렸으며, 여기에 노홍준의 로비도 한몫한 듯하다.

그러나 사건은 입에서 입을 통해 전해졌다. 지체 높은 양반끼리 기생을 놓고 벌어진 다툼, 양반이 양반을 때려죽이다, 중앙 관리와 지역 관리의 완력 싸움 등등.

저잣거리의 말하기 좋아하는 민생들은 이야기에 살을 덧붙이고 이리 저리 과장하여 옮기기 시작했고 결국 사건은 소문이 되어 점점 광주지역을 벗어나 중앙까지 다다랐다.

조선 시대 충의(忠義)의 상징으로 알려진 김종서가 이 소문을 듣고 사건의 진상 조사를 세종에게 건의하였다. 김종서는 단종을 지키기 위해 수양대군(이후 세조)과 싸우다 계유정난 때 비운의 죽음을 맞이한 인물이다.

김종서가 광주목사의 죽음이 사고가 아닌 살인일 수 있다는 사실을 세종에게 고하였다.

"광주목사(光州牧使) 신보안(辛保安)이 고을 기생 소매(小梅)와 간통하였습니다. 그 사실을 알고 그의 서방 전 호군 노흥준(盧興俊)이 기생을 결박하고, 신보안을 능욕하였습니다."

암행 찰방(暗行察訪) 윤형(尹炯)이 올린 감찰 보고서를 읽어 나갔다.

"흥준이 질투 끝에 보안을 때려서 그 때문에 죽었다고 합니다. 그런데, 처자식이 알면서도 원수를 갚으려고 하지 않습니다. 아마 신보안이 장오죄(贓汚罪)를 범하여 그 사실이 탄로 날까 두려워 보복하지 못하고 있다 합니다."

조선은 사또의 나라다

노홍준의 구타가 직접적인 원인은 아니었지만, 일정 부분 신보안의 죽음에 작용하였다는 내용이었다.

여기서 '장오죄'가 언급되고 있다. 장오죄는 관리가 관청의 물건을 사적으로 취하는 뇌물죄이다. 유추해 보면 신보안이 광주목 관고(官庫)의 물건들을 훔쳐서 소매에게 준 듯하다.

얼마나 많이 가져다 바쳤으면, 가족이 '쉬쉬'하고 있었을까?

조선 초에는 관고의 물건을 훔치는 일은 비일비재하였고, 사또의 지위를 이용해 지역 특산품을 다른 지역에 팔아 돈을 챙기는 일도 있었다.

윤형이 광주의 민심도 함께 전하였다.

"사림(士林)들이 개탄한 지가 오래되었습니다. 홍준을 국문하여 단서를 잡았사오니, 사헌부에서 조사하도록 해 주십시오."

세종의 명이 떨어졌다.

"헌부에서 감찰(監察)을 파견하여 추국(推鞫)해서 보고하라."

곧바로 감찰 이안상(李安尙)을 광주로 내려보냈다.

──────

1430년(세종 12년) 2월 10일 사헌부 감찰 조사실

감찰(정6품) 이안상이 신보안의 비서 오한을 불러 노홍준 구타 사건을 심문하였다.

"사또의 일정을 정리하고 있는데 밖에서 소란한 소리가 들렸습니다. 나가 보니 사또의 방에서 나는 소리였습니다. 몰래 보니 노홍준이 사또에게 발길질을 하고 있었습니다. 어찌나 호되게 맞았는지 결국 그로 인해 죽었습니다."

"말도 안 되는 소리를 하느냐? 폭력사건 후 신보안이 숨진 게 아니라 4개월이 지나서 죽은 것이다. 노홍준의 구타가 사인(死因)의 직접 원인이라는 말이냐?"

오한은 횡설수설해 가며 계속 앞뒤가 맞지 않는 말을 하였다.

"사또가 죽은 지가 2년 가까이 되어서 기억이… 시름시름 앓다가 돌아가셨는데…."
"이놈! 형틀에 묶어서 형장을 때려라."

세 차례에 걸쳐 형장을 치고 심문하였지만, 오한은 계속 같은 소리만 반복하였다.

"홍준이 때려서 죽었습니다."

신보안을 병간호했던 기생과 의원은 신보안이 '이질'로 사망하였다고 보고하였다.

그러나 오한만큼 신보안의 사인을 잘 아는 사람은 없었다. 비서 오한이 끝까지 '홍준이 때려서 죽었다'고 이야기하는 데는 두 가지로 생각해 볼 수 있다.

정말 심하게 맞아서 그 후유증으로 죽은 그것과 4개월 동안 소매를 보지 못하게 한 부분으로 요약할 수 있다.

전자는 이미 감찰 조사에서 밝혀졌는데, 오한이 계속 노홍준을 주범으로 몰고 있는 것은 아마도 사망원인이 후자인 듯하다.

오한의 증언을 정리해 보면, 홍준에게 맞아서 몸져누운 신보안이 덮친 격으로 소매를 보고 싶은 마음에 식음을 전폐하고 상사병(相思病)이 나서 자리에 누웠을 것이다.

건강이 갈수록 약해진 사또를 오한이 지켜보았다. 그러다 마침내 심신이 미약한 상태에서 지금의 감기와 같은 전염병이 걸려서 견디지 못하고 사망했을 가능성이 크다. 그래서 오한이 계속 홍준이 죽었다고 항변한 듯하다.

계속 심문이 이어졌지만 오한이 입을 다물자 옥에 가두고 다음 날 심문을 이어 가기로 하였다. 그런데 그날 밤, 오한이 옥에서 목을 매어 자살해 버렸다.

오한은 소매의 환심을 사기 위해 신보안과 함께 관고(官庫)의 물건을 훔쳤을 것으로 보인다. 개인적인 착복도 상당했던 터라 오한은 그날 밤 목을 맨 것으로 감찰 이안상은 추측하였다.

조정에서도 오한이 신보안의 장오죄를 숨기기 위해 자살한 것으로 결론을 내렸다.

세종이 사헌부의 보고를 받고 의견을 제시하였다.

"고을 원이 피살당한 것은 고을 사람 다 같이 증오할 일이지만, 오한이 갑자기 목매 죽었으니 의심스러운 일이다. 헌사(憲司)에서 공문(公文)을 보내어 다시 추문(推問)하도록 하였지만, 또 별도로 사람을 보내어 국문(鞫問)하는 것이 어떻겠는가?"

대신들이 모두 말하였다.

"반드시 형조의 낭관(郞官, 실무 책임자)을 보내야 할 일입니다."

세종은 이 사건에 관심이 많았다.
직접 사헌부와 형조 두 곳에서 자세하게 조사하라고 지시하였다. 수령권 강화를 정책으로 내세웠던 세종의 의지에 사헌부와 형조에서는 발빠르게 움직였다.

─────
1430년(세종 12년) 3월 26일

사헌부와 형조의 조사가 마무리되었다. 신보안이 숨진 지 1년 8개월 만

조선은 사또의 나라다

이다.

 형조정랑 정길홍이 보고하였다.

"홍준은 부민(部民)으로서 고을 원을 발로 차고 또 온갖 못할 말로 꾸짖었습니다. 또 관기(官妓)를 제 마음대로 빼앗아 가서 여러 달 동안 구실[役]을 못 하게 하였습니다. 흉포한 짓을 마음대로 행하여 풍속을 더럽혔습니다. 홍준이 4월에 데려가 8월에 소매를 관아로 보냈고, 보안은 7월 22일에 죽었사옵니다. 그 사이에 날짜가 멀어서 홍준이 다시 시기하는 마음을 내어서 보안을 때려죽였겠습니까? 또 보안을 병간호하던 기생과 의원(醫員)들이 '이질(痢疾)로 죽었다'고 하오니, 매 맞아 죽게 된 것이 아님은 명백합니다."

 사헌부 감찰 이인손이 신보안의 아들을 처벌할 것을 건의하였다.

"보안의 아들 사봉(斯鳳)은 홍준이 아비를 구타한 사실을 알면서도 전혀 보복할 뜻이 없습니다. 자식 된 도리를 다하지 못하고 있습니다. 청컨대, 이를 유사(攸司)에 내리어 죄를 다스려서 강상(綱常)을 바로잡게 하소서. 본도(本道)의 감사(監司) 한혜(韓惠)·도사(都事) 오치선(吳致善)·감찰(監察) 이안상(李安商) 등은 조사를 제대로 못 하였으므로 성상의 의지대로 시행하게 하소서."

 사헌부와 형조의 보고를 받은 세종이 지시하였다.

"형조에서 형률에 따라 죄를 물어라. 다만 보안의 아들 사봉(斯鳳)은 죄를 묻지 말아라."

세종은 신보안이 전염병에 죽은 사실을 파악하고, 장남 신사봉에게 죄를 묻지 않았다.

조선 시대는 부모가 억울하게 죽었을 때, 복수하지 않으면 자식에게 죄를 물었다. 그만큼 부모의 효를 인간으로서 지켜야 할 가장 중요한 가치로 인식하였다.
그래서 효의 가치를 보호하기 위하여 적극적으로 행정력을 동원하였다.

오후에 형조에서 세종에게 보고하였다.

"홍준은 부민(部民)으로서 제 고을의 수령(守令)을 때리고 욕보였사오니, 장 1백 대를 치고 먼 변방(邊方)의 군정으로 충원(充員)해 주십시오. 1429년 4년 5월 전하의 수교(受敎)는 '품관(品官)과 백성이 수령을 고소하는 자가 잇달아 끊이지 않는다면 칭호를 내리고…(이하 생략)… 현관(縣官)이거든 속현(屬縣)으로 강등(降等)시킨다'고 하였습니다. 홍준이 수령을 구타하고 모욕한 죄는 잇달아 고소한 죄보다 심하오니, 청컨대 광주(光州)의 관호(官號)를 강등시키소서. 김전(金專)은 수령의 과실을 폭로하였사오니 장 1백 대를 치고, 홍준과 김전의 처자(妻子)를 본읍(本邑)에서 내쫓고 그 집을 헐고 그의 밭을 몰수(沒收)하게 하옵소서. 감사 한혜(韓惠)·오치선(吳致善)·이안상(李安商) 등은 홍준의 범한 죄를 조사하여 밝히지 못하였으니, 오치선은 수령관(首領官)이므로 장 80대를 치고, 한혜와 이안상은 장 70대를 치게 하소서."

세종의 수교가 내려지기 1년 전, 1428년 4월에 일어난 구타 사건을 소급하여 광주의 관호를 목(牧)에서 군(郡)으로 강등시켜야 한다는 형조의 의견이었다.

세종이 고심하다 판결하였다.

"한혜 · 오치선 · 이안상은 다만 관직만 파면시켜라. 김전의 처자는 내쫓지 말고 집과 전지도 몰수하지 말아라. 광주목(光州牧)을 강등하여 무진군(茂珍郡)으로 고치고 계수관(界首官)을 장흥부(長興府)로 옮겨라."

노홍준은 살인죄에서 벗어났지만, 수령 폭력죄로 장 1백 대를 맞고 광주에서 가족과 함께 쫓겨나 변방의 군영에서 일하도록 하였다.
그의 부하였던 김전은 쫓겨나지는 않았지만, 수령의 잘못을 고자질한 죄로 장 1백 대에 처했다. 조사를 제대로 못 한 전라 감사와 도사 감찰 이안상은 파면당했다.

무엇보다 이 사건은 조선 시대 첫 '읍호강등' 사건으로 광주가 치욕스러운 불명예를 안게 되었다. 광주목의 지위가 당시 나주목 다음이었는데, 이제는 장흥부의 지위를 받는 신세로 전락하였다.

조선 최초 '읍호강등'의 치욕

광주목을 무진군으로 강등시킨 세종의 조치는 지금으로 따지면 '불소급원칙(不遡及原則)' 위반이다. 법률 제정 이전에 발생한 사실에 대하여 소급해서 적용하지 아니한다는 불소급원칙을 무시하고 강행한 것이다.

성군(成君)이었던 세종이 자신이 반포한 법을 무시하고 소급한 이유는 간단하다. 지방통치를 강력하게 추진하기 위한 속셈이 깔려 있었다.

광주목 강등사건은 세종이 의욕적으로 추진하던 수령권 강화정책을 어김에 따라 무진군으로 강등한 것으로 알려져 있다. 정확히 말하면 소급 적용하여 '본보기'로 강등시킨 최초의 사례이다.

세종은 품관(지역 토호)·아전과 같은 지방세력을 통제하여 수령권을 강화하기 위해 1420년(세종 2년) 수령에 대한 고소를 금지하게 하는 '부민고소금지법'을 제정하였다. 그런데 이를 교묘히 이용하는 수령이 늘어나 강화된 지위를 바탕으로 백성을 수탈하였다. 이에 수령을 견제하기 위해 '부문고소(風聞告訴)'를 허용하자 반대로 토호와 아전들이 수령을 욕하고 심지어 구타하는 일이 잦아졌다. 고민 끝에 세종은 부민고소법의 시행세칙을 1429년(세종 11년) 5월에 수교(受敎)로 확정하였다.

광주목 구타 사건은 1428년 4월에 발생하였고 부민고소법은 1429년 5월에 확정되었다. 조정에서 이 사건을 본격적으로 조사한 시기는 1430년 10월 무렵부터였다. 조선왕조실록에 첫 기사가 1430년 11월 13일이다. 그래서인지 광주목 구타 사건과 관련된 일부 논문에는 부민고소법이 반포된 후 노홍준이 수령을 구타하여 광주목 읍호가 강등된 것으로 기록되어 있다.

최초로 읍호가 강등되었지만, 누구도 잘못되었다고 말하지 못하였다. 광주 토호세력은 신보안이 사망한 후 조사는커녕, 이 사건에 대해 시시비비를 가리려고 하지 않았다. 노홍준이 변방으로 쫓겨나자 그제야 노홍준과 김전의 집을 허물고 김전의 아들을 향교에서 쫓아내려고 하였다. 이렇다 보니 '읍호강등'의 억울함을 항의할 사람이 없었던 건 당연하였다.

'부민고소금지법'은 고을의 백성이 수령이 죄를 짓더라도 고소하는 것을 금지한다는 소위 '치외법권'적인 법이었다. 이를 어겼을 때 장 1백 대와 유배 3년 형에 처했다.

김전의 경우 수령의 불륜을 노홍준에게 이야기하여 '부민고소금지법'으로 장 100대를 맞아야 했다.

신보안 구타 사건은 단순한 수령 폭행 사건으로 끝나지 않았다. 수령권을 강화하여 새로운 지방통치 구도를 짜려는 세종의 정책에 정면 배치된 사건이었다. 그래서 수교가 발표되기 전 사건을 소급하여 중앙정부의 강력한 처벌이 뒤따랐다.

세종은 자주 광주목 사례를 들면서 "앞으로 이와 비슷한 일이 발생하면 엄하게 벌하겠다."라고 엄포하였다. 20년 후 광주목으로 회복된 뒤에도 신보안 구타 사건은 풍속을 교정하는 사례로 조선왕조실록에 자주 언급되었다.

수령과 품관, 그리고 향리

조선의 지방은 중앙에서 내려오는 수령과 품관(지역의 양반), 그리고 향리(아전으로 일컬음)가 견제와 협력을 하면서 관아의 일을 하였다.

조선 초에는 보통 지역 토호인 품관과 아전이 협력하여 수령을 허수아비로 만드는 경우가 많았다. 유향소를 지배한 품관들이 좌수와 별감(품관만 가능) 추천권을 가지고 있었다. 좌수, 별감은 6방(이방, 형방, 예방, 호방)의 인사권을 가지고 있었다.

행정 조직상 수령과 향리는 상하 관계가 명확했지만, 향리는 6방의 한 자리를 차지하기 위해 유향소를 지배하는 품관들의 영향력 아래 있었다. 그래서 노홍준과 같은 힘 있는 지역 품관이 수령을 구타해도 형방 등 아전들이 모른 척하는 이유기도 했다.

이러한 폐단이 심해지자 조선 중기 이후 향청을 설치하여 유향소의 역할을 대신하게 하였다. 그러나, 이후에도 수령과 향리가 협력하여 관고의 물건을 훔쳐서 파는 등 심각한 범죄행위가 자주 발생하였다. 그래서 조선 후기에는 암행어사를 파견하여 수령의 비리를 척결하려고 하였다.

조선 중기까지는 수령과 품관, 향리의 관계가 미묘하게 얽혀 나름대로 견제가 되었지만, 후기로 가면서 이들 세 세력이 협력하는 바람에 백성의 삶이 어려워졌다. 향리는 월급이 없으므로 백성에게 과다한 세금을 징수하여 자신의 배를 채웠고, 수령이 떠날 때 많은 전별금을 만들어 주었다.

서로 많이 가지겠다고 수령과 아전이 싸우는 사례도 많아서 조선 후기를 '이향 지배체제'라고 일컫기도 한다. 즉, 지방이 상하 관계에 있던 수령과 향리가 경쟁하면서 다스린다는 의미다. 조선 후기는 지역 양반이 기하급수적으로 늘어나서 품관의 영향력은 갈수록 미미해졌다.

수령·품관·향리의 삼각관계에서 성립되는 기본적인 역학 구도는 기존의 신분질서와 행정의 조직 체계를 무시하는 것이었다. 그러나 조정에서는 지방통치체제를 완벽하게 정비할 수 없었던 터라 조선 500년 동안 묵인하였다. 그래서 수령의 향촌 지배에 있어서 일차적 과제는 품관·향리와 관계 정립이었다. 이들의 삼각관계를 잘 보여 주는 사례가 있다.

'교동현감(喬桐縣監, 인천강화) 변한정이 향리들을 강하게 지배하려 하자 향리들이 집단으로 반발하였다. 그러자 수령은 품관들을 불러 자문하였지만, 품관들은 도리어 수령의 강력한 향리 통제에 반대하고 나섰다.'

이렇듯 품관·향리가 양자구도에서는 서로 대립·갈등을 표출하는 예도 있었지만, 수령을 포함하는 삼각 구도에서는 오히려 결속하는 것이 일반적 양상이었다.

삼각 구도에서 품관·향리의 결속은 수령과 품관의 신분적 동질관계, 그리고 수령과 향리의 행정 조직상의 상하 관계에 우선하는 것이었다. 수령은 이러한 역학 구도를 극복하는 데 한계가 있었다. 그래서 수령은 품관이 개별적으로 자신을 고소·능멸하면, 현실을 인정하고 품관·향리를 회유하는 방법으로 해결책을 모색하였다.

구타자 노홍준은 광주 토성 출신 품관이다. 당시 광주 토성으로 卓, 李, 金, 蔡, 盧, 張, 鄭, 朴, 陳, 許, 潘, 成, 承 등 13성이 '세종실록지리지'에 기록되어 있다.

노홍준은 광주 노씨이지만 함경도 경원으로 가족과 함께 유배되어서 노홍준과 그의 직계존비속은 광주 노씨 족보나 광주읍 인물 조에 보이지 않는다.

100억대 부자, 관고의 물건을 탐내다

신당계의 아들이었던 신보안(辛保安)은 1397년(태조 6년) 중랑장(中郎將)으로 임명되어 본격적인 관직 생활을 시작하였다.

전남 영광군과 광주목에서 지방관으로 일하던 시절을 제외하면 서울에서 거주하였다. 그의 묘는 경기도 양주(楊州) 노원리(蘆原里)에 있다.

그에게는 사봉(斯鳳)과 사구(斯龜) 두 아들이 있었으며, 장남 사봉은 서울에서 계속 살았다. 차남 사구는 신보안이 영광군수 시절, 영광의 품관이었던 한이(韓彝)의 사위로 장가들었다. 그래서 영월 신씨의 후손이 현재까지 영광지역에서 자리 잡고 살고 있다.

1434년 신보안의 재산을 나누는 '분재기(分財記)' 작성 때 장남 신사봉은 서명란에 '진용부위(進勇副尉) 중군(中軍) 사정(司正)'으로 기록되어 있다. 진용부위는 종7품의 품계로 무관직 벼슬이다.

차남 사구는 기록이 없어 자세하게 알 수 없다.

　　　　　　　　　　　　　　조선은 사또의 나라다

신보안 사망 6년 후, 1434년에 신보안의 처 정씨가 자신의 재산과 신보안의 노비를 자식들에게 나누어 주었다. 2남 2녀에게 균등하게 나눠 주었던 '정씨 분재기'가 현재 남아 있다. 정씨는 2남 2녀에게 각자의 서명을 받았다. 그러나 현존하는 분재기에는 '장자 사정 신사봉 금(長子 司正 辛斯鳳 衿)'이라는 표기와 신사봉에게 상속한 노비 51구만이 기록되어 있다.

4명의 자녀에게 골고루 나눈 점을 고려해 보면, 장남에게 준 노비를 기준으로 최소 노비 200여 명 정도의 재산을 짐작할 수 있다. 100억 대 부자인 신보안이 국가의 재산까지 손을 대는 모습을 보면, 가진 자가 더 가지려 하고, 높은 자가 더 높아지려 하는 것 같다.

『경국대전』에 기록된 노비의 공식 가격은 16세 이상~50세 이하(남녀 공통)는 저화(楮貨, 조선초 화폐) 4,000장이고, 15세 이하~50세 이상은 저화 3,000장의 값이다. 저화는 세종 때 아주 짧은 시기를 제외하고는 실제로 유통되기보다는 명목적 화폐였다. 거래의 기준을 제시하는 데 지나지 않았다.

실제 조선전기의 노비 거래는 쌀과 포, 이 가운데서도 대개 면포(綿布)로 거래되었다. 태조 이성계는 인간인 노비를 소나 말과 비교하면서 거래한다는 걸 타당치 않게 여겼다. 그래서 노비의 가격을 시장에 맡기지 않고 인위적으로 정하였다.

노비 1구의 현재 시세 4000~5000만 원

저화 1장=동전 50푼(반냥, 현 시세 3만 원)=쌀 1말(18kg)

저화 1,000장= 500냥 =1500만 원

저화 3,000장 =1,500냥 =4500만 원

저화 4,000장 =2,000냥 =6000만 원

경북대 중앙도서관에 소장된 신보안의 처 '정씨분재기'는 1434년 정씨 부인이 작성하였다. 현존하는 분재기 대부분은 16~17세기에 작성된 것으로 알려져 있다. 현재 공개된 분재기 가운데 시기적으로 일곱 번째에 해당하는 조선 초기의 것이다.

등장인물, 가족 구성, 분재 양상 등을 살펴보면 고려말과 조선 초 사회상을 보여 줄 수 있는 중요한 자료이다. 신보안이 사망하기 이전 1418년에 1차 분재가 있었고, 16년이 지난 1434년에 정씨 부인의 노비, 1차 분재 시 빠진 노비, 각처에서 전득(傳得)한 노비 등을 2남 2녀에게 분재한다는 내용이다.

2남 2녀에게 분재한 전체 명세인 분급문기(分級文記)는 전해지지 않으며, 장남 신사봉(辛斯鳳)에게 분재한 명세만을 따로 기록한 깃부문기[衿付文記]만 남아 있다.

장남 신사봉에게 분배된 재산은 모두 노비였으며 총 51구였다. 정씨 분재기는 여말선초의 가족 구성과 상속문화 및 조선전기 재산상속의 특징을 살필 수 있는 자료이다.

참고자료

『태종실록(太宗實錄)』

『세종실록(世宗實錄)』

『세종실록지리지(世宗實錄地理志)』

『신증동국여지승람(新增東國輿地勝覽)』

『靈光續修輿地勝覺권1』, 姓氏, 本朝, 「牧使辛保安」

백승아, 「15·16세기 부민고소금지법의 추이와 지방통치」, 한국사론61, 2015

손계영, 「1434년 辛保安 妻 鄭氏 分財記 연구」, 경북대학교 영남문화연구원, 2018

김덕진, 「15세기 光州牧 邑號陞降과 喜慶樓」, 조선시대사학보, 2019

정승모, 「省齋 辛應純의 《內喪記》를 통해 본 17세기 초 喪葬禮 풍속」, 장서각10, 2003

안승준, 「조선시대(朝鮮時代) 노비 시장(奴婢市場)과 거래」, 2014

호군[護軍] (한국민족문화대백과, 한국학중앙연구원)

기생과 사랑에 빠지다
나주목사(羅州牧使) 이욱

"절제사님! 나주목사(羅州牧使) 이욱(李勗)이 바람이 난 듯합니다."
"정말이냐? 대체 누구랑 눈이 맞은 것이냐?"
"관아기생(이하 관기)과 연분이 났습니다."

전라도 절제사(수군 총지휘관) 이각(李恪)과 그의 부하 염이(廉怡)가 조용히 소곤거리고 있었다. 절제사(節制使)는 정3품 벼슬로 각 도에 군사 작전상 중요한 거점인 거진(巨鎭)에 파견하였다.

조선은 해군력 증강을 위해 전라도 장흥 도호부와 영광진. 목포 일대에 절제사를 보내 왜구의 침입을 막게 하였다.

틈틈이 이욱을 칠 빌미를 찾고 있던 이각은 염이의 보고에 화색이 돌았다가 금세 실망한 낯빛이 되었다.

"이놈아. 기생이랑 사또가 눈 맞은 게 어제오늘 일이더냐?"

"아닙니다. 이번에는 심상치 않사옵니다. 날마다 지역 토호들과 술판을 열고 이욱과 관기가 춤을 추는데, 둘 사이가 예사롭지 않았습니다."
"두 눈으로 직접 보았느냐?"

염이는 얼른 이각의 눈치를 보았다.

"제가 소문을 듣고 관아를 며칠간 염탐을 하였습니다. 둘이서 마주 보고 춤을 추는데, 보통 사이가 아니었습니다. 분명 간통을 한 것 같습니다."

이각의 목소리가 상기 되었다.

"이욱 이놈! 이번에 확실히 정리할 수 있겠구나."

옆에서 이야기를 엿듣고 있던 군사 실무자 진무(鎭撫) 이귀생이 거들 었다.

"절제사님 저도 들은 이야기가 있습니다. 이웃 고을 관기(官妓)까지 불러서 술판을 벌였다고 합니다."
"이놈이 죽으려고 작정을 했구나! 어느 고을 기생이며, 몇 명이나 왔는지 알아보거라."

충성경쟁을 하듯 염이가 이귀생을 흘기더니 나섰다.

"이욱이 관아 노비 호병(胡瓶) 등 3명을 죽이고 쉬쉬하고 있다고 합니다. 죄를 뒤집어씌워서 관노를 죽였다는 소문이 있습니다."

"정말이더냐? 확실히 3명을 죽인 것이냐? 드디어 좋은 기회가 왔구나. 둘 다 수고했다. 전라 감사에게 보고할 서류를 곧바로 만들어라!"

나주 출신인 전 첨지(僉知) 염이(廉怡)와 진무(鎭撫) 이귀생은 이각과 이욱의 사이가 좋지 않다는 것을 알고 수시로 나주목사 이욱의 동태를 이각에게 보고했다.

그렇다면 전라도 수군 절제사와 나주목사가 대체 왜 이리도 앙숙이 되었을까?

1407년(태종 7년) 30대 초반에 이각이 전라도 영광진(鎭) 현감으로 부임하였다. 그때 절친이었던 조혼이 나주판관으로 일하고 있어 조혼에게 편지를 보냈다.

"몇 날 며칠, 김성 대감이 나주를 간다고 하네 친구. 바람이 차니 나주목 관고(官庫)의 면포 6필을 김성 대감에게 줄 수 있겠는가?"

추운 날 면포 1필 가격은 7냥(1냥 약 30만 원 가치)까지 치솟았을 정도로 비싼 물품이었다.

조선 시대 쌀 한 가마니(80kg)가 6냥에 거래되었다. 따라서 면포 6필이면 약 40냥 이상으로 지금 시세로 1000만 원이 넘는 고가품이다. 김성이 면포를 좋아한다는 걸 알고 이각은 나주판관 조혼에게 비밀리에 편지를

조선은 사또의 나라다

보냈고 1000만 원 상당의 면포를 김성에게 뇌물로 주었다. 하지만 2년 후 이 사실이 발각되어 이각은 양성(경기도 안성)으로, 조혼은 황해도 해주로 귀양을 가게 되었다.

또한, 이각은 영광에서 사또로 일하면서 나주목 관고에 귀한 물품이 많다는 것을 알고 있었다.

개 버릇 남 못 주듯 이각은 절제사의 지위를 이용하거나 이런저런 이유를 만들어 나주목 관아의 귀한 물품을 이욱에게 요구했을 가능성이 크다. 하지만 나주목사와 전라 절제사의 품계는 정3품으로 상하 관계가 아니었다. 문관이었던 이욱이 무관이었던 이각을 무시했을 수도 있다.

다른 한편으로는 12년 전, 이각이 의금부로 끌려온 적이 있었다. 그때 나주목사 이욱은 의금부 특사로 일하면서 끌려온 이각을 국문하였다. 이런저런 이유로 이각은 이욱에게 원한이 생긴 듯하다.

———
1430년(세종 12년) 3월 26일

이각으로 부터 공문(公文)을 받은 전라 감사(監司)가 조정에 이 사실을 보고하였다.

증언자 염이와 이귀생이 의금부로 불려 와 의금부지사(義禁府知事) 이축(李蓄)에게 조사를 받았다. 지금도 검찰에 가면 오금이 저리듯 조선 시대 의금부는 인권이라고는 아예 생각할 수 없었다.

국문 과정에서 말의 앞뒤가 맞지 않자 염이의 얼굴에 발길질이 날라

왔다.

"아이고. 잘못했습니다. 이욱과 기생이 마주 보면서 춤을 춘 것을 직접 본 것이 아니라 소문으로 들었습니다."
"그럼 왜 이욱과 기생이 간통한 것으로 꾸민 것이냐?"
"이욱이 저를 볼 때마다 업신여기고 꾸짖었습니다. 그런데, 이각과 이욱이 사이가 좋지 않다는 것을 알았습니다. 저도 나름 나주에서 체면이 있는데, 사또가 저를 사람 취급을 하지 않았습니다. 지렁이도 밟으면 꿈틀한다고 하지 않습니까?"

관아기생과 사또가 잔치를 벌이면서, 술을 마시고 춤을 추는 것은 죄가 되지 않았다. 다만 둘이서 몰래 성관계를 가지면 유교 사회인 조선에서 간통죄로 처벌되었다.
그렇다고 사또와 관아기생이 불륜이 없지는 않았다. 쉬쉬하면서 둘만의 사랑을 나누는 일은 허다하였다.
형조에서 세종에게 보고하였다.

"나주목사(牧使) 이욱이 품관(品官)을 거느리고 잔치를 열어서 술을 마시면서 기생과 춤을 췄지만 간통은 하지 않았습니다. 관노(官奴) 호병(胡甁) 등 세 사람을 죽인 것은 그들이 큰 잘못을 저질렀기 때문입니다."

관아 노비 호병(胡甁) 등 3명을 때려죽인 사건은 오래전에 전라 감사로부터 '혐의없음' 판결이 났다.

조선은 사또의 나라다

아마도 관노들이 관아 물건을 훔쳤거나 강도, 강간 등 중대범죄를 저지른 듯하다.

형조에서 국문 결과를 보고하고, 각자의 죄를 세종에게 아뢰었다.

"이각은 부하의 말만 듣고 공문을 보냈습니다. 무고죄로 장 100대를 치고, 유배 3년을 처해야 합니다. 염이는 이욱이 기생을 간통하고 사람을 죽였다는 사실을 잘 알지 못하고 목사를 고소하였습니다. 이각과 함께 장 100대와 유배 3년에, 이귀생(貴生)은 수령의 과실을 폭로하였으니 장 100대에 처해 주십시오. 이욱은 관기(官妓)를 거느리고 자주 잔치를 벌였으며 이웃 고을의 관기(官妓)를 불러와 잔치를 열었습니다. 태형(笞刑) 50대를 처야 마땅합니다."

이각은 무고(誣告)죄가 적용되었고 이욱은 이웃 고을 기생을 불러 술판을 벌인 죄로 태형이 내려졌다.
억울한 사람은 이귀생이다. 조선은 수령이 잘못이 있더라도 고을 백성이 고발하지 못하는 부민고소금지법(部民告訴禁止法)이 있었다.

3년 후 1433년(세종 15년). 이욱은 나주목사에서 파면된 후 일반 백성을 자신의 종으로 삼아 버렸다.
흉년이 들면 백성들은 양반에게 높은 이자로 쌀이나 돈을 빌리는 일이 자주 있었다. 돈을 갚지 못하면 양반집에서 종처럼 일해야 하고 마침내 종으로 삼는 일이 허다하였다. 이욱도 양인에게 돈을 빌려준 후 갚지 못

하자 종으로 삼아 일을 시키다가 발각되었다. 압량위천(壓良爲賤) 죄로 직첩(벼슬아치에게 내리는 임명 사령서)이 회수되어 정계를 떠나게 되었다.

반면, 이각은 2년 후 1432년. 사면되어 59세의 나이로 강계(평안북도 강계군) 절제사로 복귀하였다.

파저강(압록강 지류)일대 여진족 마을을 정벌하는 등 전쟁터에서 승승 장구하였다. 이 공으로 1434년 평안도 절제사에 임명되었지만, 여진족의 기습공격을 막아 내지 못하여 귀양을 가기도 하였다.

65세에 다시 사면되어 경상좌도 처지사와 전라도 처치사(총사령관)를 역임할 정도로 승승장구하였다.

이각과 이욱 '볼기'를 맞았을까?

조선 시대 형법전이었던 『대명률』을 적용하여 이각과 이욱에게 장형(杖刑)과 태형(笞刑)을 각각 내렸다.

이욱에게 내려진 태형은 볼기를 치는 오형(五刑)의 하나로 가장 가벼운 형벌이었다. 약 90cm의 회초리로 볼기를 치는 형벌이다.

절제사 이각에게 내려진 장형은 큰 나뭇가지(약 1m 20cm)로 회초리를 만들어 볼기를 치는 형벌로 태형보다 한 단계 무거운 형벌이다.

1910년 일제강점기에 일제는 『조선태형령』을 제정, 공포하여 태형을 존속시켰으나 1919년 3.1 운동 이후 시정개혁의 하나로 1920년 폐지하였다. 우리가 알고 있는 곤장은 조선 후기부터 시행한 형벌로 죄인의 볼

조선은 사또의 나라다

기와 허벅다리를 번갈아 치는 형벌로 대체로 군무(軍務)에 관한 범죄만 사용하였다. 버드나무로 넓적하게 만들었으며 작은 가시나무 회초리의 태(笞), 큰 가시나무 회초리의 장(杖)보다 훨씬 길고 두꺼웠다.

당시 전라 절제사와 나주목사는 정3품의 당상관(堂上官)으로 왕 앞에서 직접 보고할 수 있는 높은 직책이었다. 따라서 이들에게 장형과 태형이 판결되었지만, 볼기를 맞지 않았을 가능성이 크다.

지위가 낮은 이귀생과 엄이도 재산이 많았다면 매를 맞지 않았을 것이다. 『대명률』에는 태형 50대에 면포 1필과 3냥(한 냥의 가치, 약 30만 원 상당) 5전을 내면 태형을 면해 주었다. 지금으로 환산하면 벌금 약 100만 원을 내면 태형 50대를 맞지 않았다.

500년 전이나 지금이나 무전유죄 유전무죄였다. 사극에서 가난한 백성이 억울하게 곤장을 맞고 오면 처가 엉덩이에 약을 발라 주는 장면이 현재 진행형이라는 게 안타깝다.

미모가 뛰어난 나주 관아기생(官妓)

나주목사 이욱이 하루가 멀다고 잔치를 벌인 것을 보면 나주목 관기의 미모가 남다른 것 같다.

관아의 행정실무를 지휘하고 사또를 도와 행정·군정에 참여하는 나주 판관(判官)이 관기를 죽인 사건이 있었다. 나주목에서 판관은 2인 자로 중앙에서 내려오는 정5품 관리이다.

1410년(태종 10년) 6월. 만경(전라북도 김제시) 현령(縣令) 윤강이 하루는 나주목 관아에 들렀다가 관기에게 첫눈에 반하였다.

　바람이 불면 날아갈 듯한 어린 명화(名花)를 보고 판관 최직지(崔直之)의 바짓가랑이를 잡고 간청하였다.

"명화와 하룻밤만 지내게 해 주시게. 전라도 여러 고을 다녀 봤지만 한 떨기 꽃과 같은 기생은 처음이네."
"사또가 출타 중이니 조용히 명화를 불러 보겠네."

　그러나 명화는 만경 사또 윤강의 수청(守廳)을 들지 않겠다고 최직지에게 화를 냈다.

"저는 함부로 몸을 파는 기생이 아닙니다. 관아의 역(役)도 아닌 일입니다. 품위를 지켜 주십시오."

　관기는 신분서열이 최하위에 속하였지만, 조선 시대에 몸을 파는 기생은 없었다. 사랑은 했을지언정….

　손쉽게 명화를 만경 사또에게 데려갈 것으로 생각했던 최직지는 순간 당황하면서 으름장을 놓았다.

"관아에 손님이 오면 연회를 열고 술자리에서 흥을 돋우는 일을 해야 하는 게 기생이 역이 아니겠냐? 관기의 역을 하지 않겠다면 응당 죗값을 치러야지!"

"흥을 돋우는 일이 수청을 드는 일입니까?"

　　　　　　　　　　　　　조선은 사또의 나라다

당차게 명화가 옳은 이야기만 하자 최직지의 눈이 돌아갔다.

"이년이! 여봐라. 당장 명화에게 매질을 하여라."

자존심이 상한 최직지는 수청을 거부한 이유로 명화를 매질하였다. 얼마나 심하게 때렸던지 명화는 3일을 앓다가 집에서 죽고 말았다.
억울한 명화의 부모가 전라도 관찰사에게 하소연하였고, 관찰사 허주는 실상을 파악한 후 판관 최직지를 파면시켰다. 그러나 잠자리를 애걸했던 만경 사또 윤강은 처벌받지 않았다.
3년 후 최직지는 1423년. 전북 순창 군수로 복직되었지만 왜구를 막다가 순직하였다.

1510년(중종 5년)에도 나주판관 최인수와 관기가 사랑에 빠져, 함께 관아 물품을 빼돌려 장사를 하다 사헌부에 들통이 났다. 이처럼 조선왕조실록 곳곳에 관기와 수령의 간통 사건이 일어나고 있지만 가벼운 처벌이 내려졌다.
다만 사랑에 눈이 멀어 관아의 물건을 훔치거나, 직위를 이용해 장사한 수령이나 판관은 엄하게 다루었다.
전라도에서 전주 다음으로 큰 고을이었던 나주는 관아기생의 미모가 탁월해서 그런지 유독 사또와 기생의 스캔들이 조선왕조실록 곳곳에 등장하고 있다.

1421년(세종 3년), 제주도에서도 사또와 관기의 스캔들로 시끄러웠다. 제주도 동쪽에 있는 정의현(서귀포 동쪽 인근)에 이첨(李詹)이 부임하였다. 부임하고 며칠 만에 사또와 관기가 사랑에 빠지게 되었다.

500년 전이나 지금이나 사랑에 빠지면 뵈는 게 없나 보다. 이첨이 관고의 물품을 훔쳐서 관기에게 주기 시작하면서 관고가 텅텅 비기 시작했다.

이첨은 도둑질로는 성에 차지 않았다. 사또의 지위를 이용하여 나주목 상인과 개인적으로 무역을 시작하였다. 제주에서 나는 특산물을 상선에 실어 보내 이익을 내었다. 그 이익 대부분은 기생에게 환심을 사기 위해 쓰였다.

하루는 날씨가 궂은날에 상선을 띄운 게 문제가 되었다. 거센 풍랑을 만나 상선에 타고 있던 20여 명이 물에 빠져 죽고 말았다.

사헌부에서 정의 현감 이첨의 죄를 아뢰었다.

"사람을 빠져 죽게 한 것은 징계하지 않을 수 없습니다. 『대명률』에 있는 과실 살해 조항에 따라 속전(贖錢)을 징수하여, 죽은 사람의 가족에게 고루 나누어 주게 하소서."

세종은 사헌부의 보고에 따랐다. 그동안 개인적으로 벌어들인 이익금을 유족에게 고루 나누어 주라는 판결이 내려졌지만 이미 많은 돈이 기생의 치마폭으로 들어가서 위로금이 많지 않았을 것이다.

사또와 기생 몰래 한 사랑은 무죄?

사또와 관기가 간통하다가 발각되면 『대명률』에 따라 장 60대를 맞아야 했다.

지방에 파견되는 수령은 처자식을 대부분 서울에서 두고 내려와서 외롭기 짝이 없었다. 그래서 수령과 관기가 사랑을 나누는 일이 자주 발생했다.

장 60대의 두려움은 외로움 앞에서는 큰 걸림돌이 되지 않았다. 들키지만 않으면 기생과 몰래 한 사랑은 그들만의 로맨스였다.

조선 시대는 피임약이 없던 터라 관기와 사또의 자식이 종종 태어났다. 수령의 아들이었지만 노비종모법(奴婢從母法)에 따라 낳은 자식은 무조건 어미의 신분을 따랐다. 모순이었지만 조정에서는 국유재산인 노비를 늘릴 수 있어 둘의 간통을 눈감아 주었던 듯하다.

조선은 철저한 신분 사회였다. 같은 기생이라 해도 신분이 다르며 머리 모양과 옷차림도 달랐다. 관기는 궁중이나 관아에 속해 있으면서 각종 연회나 유흥에 주로 춤과 노래를 담당했다. 관기는 호적처럼 명부가 있었다. 조선 시대 기생은 크게 세 종류로 분류된다.

○ 일패 기생

오직 임금 앞에서만 노래와 춤을 추는 기생이다. 매춘은 절대로 하지 않는다.

조선은 사또의 나라다

○ 이패 기생

관아기생과 민간기생(이하 민기)으로 나뉘며 관아기생은 벼슬아치를 상대한다. 민기는 일반 양반을 상대하며 노래와 춤을 춘다. 관기는 원칙적으로는 매춘하지 않는다. 그러나 민기는 뜻이 맞으면 몰래 매춘을 하는 예도 있었다.

○ 삼패 기생

일반 평민을 상대하는 기생으로 노래와 춤, 매춘을 병행하였다.

관아기생은 기생 족보에 올라 있으며 결혼할 수는 없었지만, 첩으로는 들어갈 수 있었다.

이들은 옷차림이며 장신구도 양반집 여자와 같이 비단옷에 비단신을 신을 수 있었다.

이패 기생인 관기와 민기는 은근히 매춘한다고 '은근짜(慇懃-/隱君子)'라는 이름이 붙었다. 하지만 은근짜라 하여 무조건 몰래 매춘을 했던 것은 아니고, 개개인의 신념에 따라 달랐다.

은근짜이지만 시(詩) 등 문장으로 유명한 명기(名妓)로 황진이, 매창, 소백주 등이 있다. 의기(義妓)로 평양 기생 계월향, 진주 기생 논개, 가산 기생 홍련 등이 있다.

예술가이기도 했던 기생들은 자신의 의지와 환경에 따라 생활 수준도 달랐다. 기생의 수준이 높았기 때문에 고위관료도 무턱대고 무시하지 못하였다.

돈 많은 양반은 경관 좋은 교외나 자기 집 후원에 기생을 불러서 춤과 노래를 연주하면서 풍류를 즐기거나 지적 교류를 하였다.

혜원(慧苑) 신윤복은 왜 기생을 그렸을까?

조선 시대 기생을 지금 시각으로 바라봐서는 안 된다. 돈의 노예가 되어 술을 따르고 몸을 파는 것으로 잘못 생각할 수 있기 때문이다.

조선 후기 김홍도와 쌍벽을 이뤘던 혜원(慧苑) 신윤복은 주로 기생과 한량을 그렸다. 벼슬아치와 기생의 애정을 낭만적으로 그린 대표적인 화가이다. 춘정(春情)이 스민 풍속화를 그려 한국인의 은근한 낭만을 격조 있게 처리하였다.

「미인도」 신윤복(申潤福), 비단에 채색, 114*45.5cm, 간송미술관소장.

신윤복의 「미인도」 속 여인은 조선 시대 대표적인 미인의 기준이다. 매력적인 자태로 서 있는 그림 속 미인의 깨끗한 피부와 윤기 있는 머리칼, 그리고 단아한 이목구비를 보면 은은한 성숙미가 풍긴다. 한국 미인도의 격조를 최상의 경지에 올려놓은 명작이다.

그런데 미인도의 주인공은 다름 아닌 기생이다. 트레머리한 그녀는 머리 모양을 크게 부풀려 심리적인 욕구 충족을 하였다.

신윤복의 「미인도」를 통해 조선 후기 기생에게 제약이 적었고, 자신의 아름다움과 개성을 맘껏 표출하고 있는 것을 볼 수 있다. 그동안 아낙의 모습만 등장하다 옷고름을 풀려고 하는 관능미 넘치는 기생이 등장하면서 조선사회의 변화가 시작되었다.

자유연애라는 당시 사회상을 그려 내면서 중·하층이었던 여성의 자유에 대한 추구를 기생을 통해 예술로 전달하였다. 여성의 의식변화와 흐름을 기생이 주도하고 있다는 점에서 조선 후기 여성 인권 신장에 기생이 앞장섰던 걸 부인할 수 없다.

신윤복의 다른 그림인 「연당야유도」에는 세 쌍의 남녀가 후원에서 풍류를 즐기는 모습을 담았다.

담장 안에 고풍스러운 고목과 잘 관리된 연못 그리고 의녀가 시중을 드는 광경을 보면 궁궐 후원일 수도 있다는 생각이 든다. 신분을 드러내는 고운 비단옷을 보면 고위층 대감들의 모임에 가채 머리를 한 의녀 3명이 초대되었다.

담배를 멋들어지게 장죽으로 피는 여인은 검은색의 의녀 모자를 쓰고 있다. 의녀 모자는 신분에 따라 자색, 녹색, 검은색으로 구분하였는데 검은색을 쓰고 있어 새내기 의녀가 차출되어 온 듯하다.

조선 초기에는 기생이라는

「연당야유도」 또는 「청금상련도」 신윤복(申潤福), 종이에 채색, 35.3*28.2cm, 간송미술관소장.

조선은 사또의 나라다

명칭보다는 기녀라고 하였다. 기생은 궁중에서 의료를 도와주는 약방기생(藥房妓生)과 궁에서 바느질하는 상방기생(尙房妓生)으로 나뉜다. 「연당야유」의 기녀는 의녀라고 불렀던 약방기생들이다. 드라마 '허준'에 등장하는 의녀들이 고위직 관료의 술자리에 차출되어 가는 모습이 상영된 연유이기도 하다.

신윤복은 의녀까지 데려와 유흥을 즐기는 양반의 무너져 가는 윤리관을 보여 주고 싶었던 것일까? 조선 시대 벼슬아치가 자기 억제의 삶을 살아가면서도 이를 벗어나고 싶어 하는 인간의 양면성을 기녀를 통해 그려 낸 듯하다.

아마도 신윤복은 기생의 자유분방한 예술적인 삶을 사실성 있게 은근하게 그리고 감미로운 색감으로 표현하면서 이 시기 예술의 중심을 기생에게서 찾으려 했던 건 아닐까.

참고자료

『태종실록(太宗實錄)』

『세종실록(世宗實錄)』

『중종실록(中宗實錄)』

『경국대전(經國大典), 대명률(大明律)』

변영섭,『한국미술사』, 문예출판사, 2006

조선은 사또의 나라다

백성의 처를 빼앗은 예언가
곡성현감(谷城縣監) 문영후(文榮後)

탐라사절(耽羅四絶) 1673년(현종 14년) 12월 29일

조선 시대 특출 나고 비범한 능력을 지닌 제주도 대표 인물 4인을 탐라사절(耽羅四絶)이라고 하였는데 풍채의 양유성, 풍수의 고홍진, 의술의 진국태, 점술의 문영후가 그들이다.

조선 중기 제주도를 대표하는 위인들로 추앙받는 탐라사절에 대한 다양한 이야기들이 전해 내려오고 있다.

어느 해 탐라사절은 전라도 곡성(谷城)의 한 대감에게 초대를 받는다. 재력과 권력을 가진 이 대감은 탐라사절의 명성을 듣고 그들의 재주를 보고자 하였다.

대감은 우선 그들이 들어서자마자 한 사내에게서 눈을 뗄 수 없었다. 무관으로서의 절절한 기운과 수려한 용모, 몸 전체에서 기개가 뿜어져 나왔다. 그는 첫눈에 그 사내가 풍채의 양유성이라는 것을 알아챘다. 그렇기에 그에게는 따로 재주를 청하지 않았다.

뒤이어 대감은 고홍진에게 대대손손 번창할 명당자리를 알아봐 달라
하였다.

"그럴 수 없사옵니다."
"무어라?"

 고홍진의 대답에 화가 난 대감이 당장이라도 하인들을 불러 매질을 하
려 하자 고홍진은 대감 조상들의 묏자리 지형을 마치 직접 보기라도 한
듯 기가 막히게 묘사하더니 이 보다 훌륭한 명당은 없으며 3대는 능히
출세길을 달릴 자리라 조언하였다.
 기분이 좋아진 대감은 탐라사절의 비범함을 믿기 시작하였다. 그리고
진국태를 안채로 불렀다. 자신의 며느리가 몸이 약해 걱정이라며 진맥
을 부탁했다.
 당시에는 진맥을 위해서라 할지라도 외간 남자가 아녀자의 손목을 잡
지 못 하였다. 때문에 진국태는 다른 방에 앉아 있는 대감 며느리의 손목
에 묶인 실을 잡고 진찰해야만 했다.
 잠시 맥을 잡던 진국태는 사뭇 진지한 표정을 지었다.

"대감 큰일입니다."
"응? 무슨 일이란 말이냐!"
"대감님 자부는 이미 죽었습니다. 맥이 잡히지 않으니 흡사 놋쇠의 맥이
옵니다."

조선은 사또의 나라다

진국태의 말에 놀란 대감이 서둘러 며느리가 있는 방문을 열었다. 그리고 크게 놀랐다.

대감의 며느리가 진국태를 무시하여 그를 시험하기 위해 실을 청동화로의 놋쇠다리에 묶어 놨던 것이다.

대감은 즐거운 듯 크게 웃었다. 그리고 또 무엇을 보여 줄까 기대하며 문영후(文榮後)를 바라보았다. 문영후는 그런 대감의 표정을 읽었다.

자리에서 일어난 문영후는 마당으로 내려가 곡성(谷城)이라는 글자를 바닥에 큼지막하게 썼다. 다시 자리에 앉은 문영후는 의미심장하게 대감에게 말했다.

"대감 제가 이 자리에 꼼짝 않고 앉아서 저 글자를 지워 보겠습니다. 제가 해낸다면 저에게 곡성의 현감 자리를 주시겠습니까?"
"으잉? 가만히 앉아 글자를 지우겠다니 그게 말이나 되는 소리냐? 좋다. 그 청을 들어주마."

시간은 흘렀지만 아무 일도 일어나지 않았다. 대감은 역정이 나기 시작했다. 바로 그때 툭툭 바닥에 물방울이 떨어지기 시작했다. 방금까지 맑던 하늘에서 거짓말처럼 비가 내리기 시작했다.

마당의 곡성(谷城)은 순식간에 지워져 버렸다. 대감은 문영후의 재주를 높이 샀다. 그리고 문영후를 곡성현감으로 임명하였다.

탐라사절에 대한 전설은 지금도 제주도에서 회자되고 있다.

미래를 점치는 복서(卜筮) 문영후

　제주도 탐라사절 중 한 명인 문영후는 시문(詩文)과 천문학(天文學)에 조예가 깊어서 미래를 예언하고, 적중시켜 사람들을 놀라게 하였다.

　제주도 애월읍(涯月邑) 어음리(於音里)에서 태어난 그는 30년 이상 제주도에서 유유자적으로 살아오다 큰 기회를 맞는다.

　36세 때인 1664년(현종 5년), 제주도에서 하급 관리를 선발하는 과거인 시취(試取)가 실시되었다. 조선 시대 제주도는 문, 무과의 초시만 응시하려고 해도 배를 타고 나가 전라도에서 응시해야 했다. 이런 불편함을 해결하기 위해 과거시험을 감독하는 '시재어사(詩才御史)'가 별도로 제주도에 파견되었다.

　문, 무 외방 별시를 시행하였는데, 이를 승보시(陞補試)라고 하였다. 문영후는 승보시에서 동생 문징후와 탐라사절 중 한 명인 고홍진(高弘進)과 함께 합격하였다. 1등으로 합격한 문영후는 초시와 복시를 면제받아 2년 후, 38세의 나이에 식년시 병과(丙科) 8등으로 합격하여 제주도를 떠나 벼슬길에 나섰다.

　조선판 '노스트라다무스'였던 복서(卜筮) 문영후는 앞을 내다보는 예지 능력이 뛰어나 그의 집 앞은 언제나 자신의 미래를 불안히 여겼던 사람들로 문전성시였다.

　그의 이러한 능력은 짐작컨대 어린 시절부터 제주도 밤바다에서 별을 보며 스스로 천문학을 깨쳐 기후 변화를 알아내는 능력이 뛰어나지 않았을까 싶다.

　　　　　　　　　　　　　　　조선은 사또의 나라다

마치 제갈량이 '적벽대전'에서 동짓날 바람이 동남풍으로 바뀔 줄 알았던 것처럼 문영후도 미래를 보는 예언자라기보다는 천문학 지식을 이용하여 사람들을 놀라게 하였을 것이다.

300~400년 전, 농경 사회에서 기상 변화를 미리 알아내는 능력은 분명 예언자로 추앙받을 만하였을 것이다. 그래서 그의 예언과 관련된 설화들이 제주도에 많이 남아 있다. 위의 곡성현감으로 부임한 설화도 『제주도 전설지』에 실려 1985년에 출판되었다.

그러나 곡성 군수가 되어 문곡성(文谷城)이라 불렸다는 문영후와 관련한 일화는 제주 지역에서 전승되는 「송당 본풀이」의 주인공 문곡성(文曲星)의 이야기를 중세의 벼슬에 맞추어 꾸며낸 것이 아닌가 추측 된다.

곡성현감 문영후를 모티브로 탐라사절이 곡성현에서 자신들의 뛰어난 재주를 발휘한 이야기를 꾸며 낸 것일 수 있다는 것이다.

문영후는 곡성현감이라는 의미와 북두칠성의 네 번째 별이라는 의미를 담고 있는 '문곡성'이라 불리었다.

그렇다면 2년여 가까이 곡성현감으로 일했던 문영후는 과연 곡성에서 어떤 일을 하였을까?

'문곡성'이라 불릴 만한 업적의 인물이었을까?

문영후는 현감으로 부임하고 얼마 뒤 곡성의 한 여인을 탐하고자 마음먹는다. 그러나 여인은 이미 혼인한 상태였다. 문영후도 이 사실을 알고 있었다. 그러나 그는 개의치 않았다. 현감의 권력은 엄청났기 때문이다.

문영후는 기회를 보고 있다 여인을 억지로 자신의 처소로 끌고 왔다.

"꺄악! 왜 이러십니까?"

"이년. 내가 누군지 모르느냐?"

"이러지 마십시오. 저는 지아비가 있는 몸입니다."

"크크크. 시끄럽다. 그러니 더욱 널 취해야겠구나."

　문영후는 무소불위의 권력을 이용하여 여인을 회유하고 협박하여 강제로 관계한다. 게다가 빼앗은 여인이 도망가지 못하도록 관아의 노비로 등록하여 첩으로 만드는 엄청난 범죄를 저지른다.

　그것도 모자라 여인의 동생이 부리는 노비와 함께 간통하도록 하였다. 상상할 수 없는 변태적 성생활을 즐겼다.

　이 사실을 억울하게 처를 뺏긴 남편이 전라 감사에게 의송(議訟, 감사 또는 암행어사에게 제출하는 탄원서)을 올려 사건의 실체가 드러났다. 전라 감사의 장계(狀啓)를 보고 숙종이 직접 의금부에 지시를 내려 곡성현감 문영후를 잡아 오도록 하였다.

"전라 감사의 장계로 곡성현감 문영후를 나문하도록 하다. 전라 감사(全羅監司)의 장계(狀啓)를 보건대, 곡성현감(谷城縣監) 문영후(文榮後)가 백성의 아내를 빼앗아 그 첩(妾)의 동생인 종[奴]으로 하여금 번갈아 간통하게 하였다고 한다. 조정에서 수령을 둔 것은 백성의 아내를 빼앗게 한 것이 아닌데, 그 방자하여 거리낌 없는 죄를 엄하게 징벌하지 아니할 수 없으니, 나문(拿問)하여 죄를 정하도록 하라." 『숙종실록, 1675년 8월 24일』

백성의 처를 뺏는 것도 모자라, 온갖 지독한 짓을 저질렀던 곡성현감 문영후는 이 사건으로 끌려와 심문을 받은 후 유배되었다.

5년 후 제주도로 돌아가 제주향교의 교수로 임명된 그는 1684년(숙종 10년) 56세에 세상을 떠났다.

제주도에 돌아와 과중하게 부과된 세금을 줄여 백성들의 삶이 편안해지도록 힘쓴 노력과 그의 뛰어난 재주가 높이 평가되어 탐라사절이 되었다.

그러나 문영후가 곡성에서 저지른 악행이 제대로 알려졌다면, 과연 그를 제주의 자랑 '탐라사절'이라 부를 수 있었을까?

참고문헌

『현종실록(顯宗實錄)』

『숙종실록(肅宗實錄)』

『승정원일기(承政院日記)』

『국조방목(國朝榜目)』

『내 고장 전통문화』, 북제주군, 1982

『제주도 전설지』, 1985

『제주선현지』 제주도, 1988

『제주사인명사전』 제주문화원, 2002

『증보탐라지』 제주문화원, 2004

[네이버 지식백과] [문영후(文榮後)](한국향토문화전자대전)

의녀와의 사랑
순천부사(順天府使) 김인명

1519년(중종 13년)

사헌부(司憲府, 검찰)에서 형조(刑曹, 법무부) 정랑(正郎, 정5품) 김인명(金麟明)에 대하여 연일 비판적인 목소리를 쏟아 내며 중종에게 파직을 청하였다.

정랑은 형조를 대표하여 왕의 지시를 받는 업무 외에도 가까운 거리에서 왕과 수시로 의견을 나누었다. 그래서 형조 정랑과 사헌부 관리들 간의 미묘한 신경전이 자주 일어났다.

한두 차례 사헌부의 요청이 거절되자 사헌부에서 과거 김인명의 뇌물 사건을 끄집어냈다. 그때나 지금이나 견제장치 없이 칼을 휘둘렀던 사헌부는 '먼지털기식' 수사를 통하여 자신들이 원하는 답을 만들어 냈다.

"헌부가 아뢰기를, 김인명(金麟明)은 연산군 때 서총대(瑞蔥臺) 감역관(監役官, 공사감독관)이 되어 군사들을 침해하여 많은 재물을 받았습니다. 그의 사람됨이 본래 사류(士類)에 끼일 수 없는데, 어찌 육조의 낭관

(郞官)이 될 수 있겠습니까?"

"사신은 논한다. 김인명은 연산군 폐위 때 겨우 단상(短喪)한 기간이 지나자 기탄없이 고기를 먹었다."『중종실록, 1519년 7월 6일』

서총대(瑞葱臺)는 연산군이 향락과 타락에 빠져 방탕한 생활을 하던 말년에 창덕궁 후원에 지었던 연회장소이다. 수천 명의 지방 인부가 동원되어 축대를 쌓고 그 앞에는 배를 띄울 수 있는 큰 연못을 팠다. 몇 달에 걸쳐 사헌부의 탄핵이 이어지자 김인명은 심한 압박감과 불안감에 혜민서(惠民署)에 들러 약을 타는 날이 잦았다.

"지금 정랑 나리님의 병은 원인이 마음에 있사옵니다. 부디 그 심성을 편히 다스리십시오. 하루가 다르게 안 좋아지는 안색에 제 마음이 더욱 아프옵니다."

혜민서 의녀 진금(眞今)이 김인명에게 약을 내어 주며 진심으로 말했다. 김인명이 그런 진금의 눈을 바라보았다.
사방이 적뿐인 조정에서 진금은 진정 자신을 위하는 이었다.

"진금아!"

김인명이 약첩을 건네는 진금의 손을 잡고 와락 당겼다. 진금이 인명의 품에 안겼다. 그녀는 잠시 당황했지만 이내 인명의 마음을 받아들였다.
김인명을 위한 약재가 바닥에 뒹굴었다.

조선 초, 의녀와 고위직 관리의 연애는 희귀한 일이 아니었다. 사랑을 나누어도 거의 뒤탈이 나지 않았다.

연산군이 의녀를 기생 취급한 후, 의녀와 훈도, 전의감 교수, 관리 간의 간통 사건이 끊이지 않게 일어났다.

"대사헌 허항(許沆)이 아뢰었다. 혜민서에서 근무하는 훈도(訓導)와 의녀, 각사의 관원들이 무리를 지어 날마다 모여 연회를 베풀고 즐긴다고 합니다. 또 의녀들에게 뇌물을 받고 함부로 휴가를 내주는 폐단을 일으키므로 훈도 등을 가두고 형을 가하여 추고하여 주십시오." 『중종실록, 1535년 10월 15일』

그뿐만 아니라 연산군 시절, 의녀와 죄수 간의 간통 사건도 있었다. 전라도 해남의 사노(私奴) 말금이 주인을 폭행하여 감옥에서 수감생활을 하고 있었다. 노비 말금은 훤칠한 키와 잘생긴 외모, 거기에 근육질 몸매를 지녔다. 죄수의 건강을 살피는 의녀 은금이 한눈에 말금에게 반하여 감옥에서 남몰래 사랑을 나누었다.

어떻게 의녀와 이런 사이가 되었는지 상세한 기록은 없지만, 둘은 때와 장소를 가리지 않았다. 하지만 대가로 목을 내놔야 했다.

감옥에서 곧 풀려날 찰나에 찾아온 사랑의 대가는 참수형이었다. 의녀 은금은 다행히 죽음은 면하였지만, 장 100대를 맞고 시골로 유배되었다.

조선 시대 의녀는 최하층이었던 관노(官奴)였다. 그녀들이 노비 신분을 벗어나는 유일한 방법은 양반의 첩으로 들어가는 것이었다.

의녀를 첩으로 삼은 양반은 자신의 여종을 관비로 넣어야 했다. 첩이 된 의녀는 양인으로 신분이 바뀌고, 자식도 양인으로 살 수 있었다.

의녀에게 양반의 첩으로 들어가는 것은 따지자면 복권 당첨이었다. 그러나 양반들이 자신의 귀한 재산인 노비를 내놔야 하는 부담 때문에 첩으로 들어간 의녀는 극히 일부에 지나지 않았다.

김인명과 진금의 사랑이 무르익어 가던 중 김인명이 전라도 순천부사로 임명되었다.

늦은 밤 밀회를 즐기던 두 사람.

"이것이 저희의 마지막이옵니까?"

진금은 김인명의 소식을 알고 있었고 자신을 순천까지 데려갈 리 없다고 생각했다.

"아니다. 그럴 리 있겠느냐. 어떻게든 널 데려갈 방도를 찾으마."

김인명은 진심이었다. 어떻게든 진금을 데려가고 싶었다. 이런저런 방법을 모색하던 그는 마침내 묘수를 생각해 낸다.

형조 정랑이었던 그는 법을 교묘하게 이용하여 진금을 아무도 모르게 순천으로 데려가려고 했다.

김인명은 자신의 죽마고우인 임실현감(任實縣監) 유근(柳近)을 끌어들

조선은 사또의 나라다

였다.

"뜻하지 않게 순천부사로 임명되어 10일 후에나 임실현을 들를 것이네. 자네도 알다시피, 의녀 진금을 순천부로 데려가려고 하네. 이 편지가 도착할 때 진금의 아비가 임실현에 내려갈 듯하니 잘 처리해 주길 바라 겠네."

　김인명의 편지를 받은 임실 현감 유근은 고민하였다. 아무리 오랜 벗의 청이라고는 하지만 법을 어기는 일이었기 때문이다.
　하지만 유근은 진금에 대한 김인명의 애정을 진심이라 믿고 진금의 아비가 임실에 사는 것처럼 공문서를 위조해 주었다.
　고을의 사또였던 유근에게 친구의 부탁은 쉬운 일이었다. 진금의 아비가 임실에 사는 것처럼 꾸미기 위하여 이웃 세 집을 가상으로 만들어 인보증을 세우고 보고서를 작성하여 전라 감사와 예조(禮曹)에 보내었다.
　혜민서 의녀를 함부로 데려갈 수 없다는 걸 알고 있는 김인명은 진금을 임실현 관비(官婢)로 만들어 빼돌리려 했던 것이다.
　감쪽같이 조정을 속인 유근의 도움으로 임실현 관비 증명서가 나왔다.

"진금아. 진금아. 이것이 무엇인지 아느냐?"

　김인명이 잔뜩 신난 얼굴로 진금에게 종이를 흔들어 보였다.

"그것이 무엇이옵니까?"

"우리를 순천으로 함께 데려다줄 방도이니라."

진금은 문서를 찬찬히 살피더니 기쁜 얼굴로 김진명의 목을 휘감고 안았다.

"이것이 정녕 사실이옵니까?"
"거봐라. 내가 뭐라 하였느냐. 내 널 꼭 데려간다 하지 않았더냐."
"나리 그럼 이제 순천으로 가서 저를 첩으로 들여 주시는 것이 옵니까."
"처… 첩? 흠흠. 그럼 그렇고 말고."

진금은 너무나 기뻐 김인명에게 안겼다. 그리고 둘은 조정에서의 마지막 사랑을 나누었다.

유근의 공문서 위조 덕분에 둘은 콧노래를 부르며 여유롭게 순천부로 갈 수 있었다. 진금은 순천부 내아(內衙)에서 안방을 차지하고 6개월간 행복한 시간을 보내었다.
반대로 혜민서는 한바탕 난리가 나고 있었다. 그동안 의녀가 관원이나 훈도와 사랑에 빠져 물의를 일으킨 일은 많았지만, 종적을 감춘 일은 없었기 때문이다.

"사라진 진금이라는 의녀는 어디있느냐."
"정말 저희는 아무것도 모르옵니다."
"다들 죽고 싶은 게냐? 감히 조정의 의녀가 사라지다니!"

조선은 사또의 나라다

혜민서에 사헌부 관리들이 들이닥쳐 진금의 행방을 추적하기 시작하였다.

"형조 정랑 나리와 정을 통하는 사이였사옵니다."

30여 명의 의녀가 조사를 받게 되었고, 그 과정에서 김인명과 진금의 관계가 밝혀졌다.

이것은 의녀가 사랑에 빠져 혜민서를 도망간 첫 사례여서 왕에게 보고가 올라갔다. 중종이 직접 나서 사헌부에 지시를 내리고 보고를 받았다.

"의녀(醫女)는 하는 일이 있는데, 순천부사(順天府使) 김인명(金麟明)이 함부로 데리고 갔다. 헌부가 이를 추고(推考)하는지 물어보라."『중종실록, 1520년 10월 12일』

"사헌부 대간이 아뢰기를 순천부사(順天府使) 김인명(金麟明)은 의녀(醫女) 진금(眞今)을 임지(任地)까지 데리고 갔습니다. 그 과정에서 김인명의 친우이자 임실현감 유근이 진금의 아비와 삼절린(三切隣, 이웃의 세 집)을 그 고을에 사는 것처럼 위조하여 진술을 받았습니다. 이를 보고서로 작성해 주고 감사(監司)에게 보고하였으며, 예조에도 그것을 첨부하여 이첩하였으니, 이는 조정이 모두 김인명과 유근에게 속은 것입니다. 조정을 기만한 두 사람을 먼저 파직하고 추고하기를 바라옵니다."

"유근이, 혜민서 의녀를 그 고을에 사는 것처럼 서류를 작성해 주고 조정을 기만했으니, 진실로 파직해야 한다. 마땅히 추고하여 죄를 다스려야 한다."『중종실록, 1520년 11월 16일』

이 사건으로 김인명과 임실 현감 유근이 파직당하였다.

잘못된 선택의 대가

전라도 어사(全羅道御史) 이귀령(李龜齡)이 임실을 지나고 있었다. 그때 그 고을 백성들이 이귀령을 찾아와 간곡히 청탁하였다.

"어사님 부디 저희 현감님을 살려 주십시오."

이귀령은 백성들의 말을 귀담아들어 중종에게 상소문을 올렸다.

"신이 임실현(任實縣)을 지나가는데 고을 백성이 말 앞을 가로막았습니다. 고을로 들어가니, 품관(品官)·유생(儒生)·백성들이 뜰 안으로 마구 들어와서 하는 말이 '지금의 현감 유근(柳近)이 돌보아 일삼아 쌓인 폐단을 제거하고, 흉년에는 구제하는 방도를 다하였습니다. 그래서 도산했던 가구(家口)들이 도로 전에 살던 데로 들어오게 되어, 온 지경의 백성이 거의 재생하는 낙을 가지게 되었습니다. 그런데 이번에 파직되어 떠나므로 부모를 잃게 된 것과 같으니, 바라건대 이런 뜻을 위에 전달해 주십시오.' 했습니다. 그들이 하는 것을 보건대 지극한 심정에서 나온 것

같았습니다.”『중종실록, 1520년 12월 5일』

 임실 백성들이 ‘부모를 잃게 된 것과 마찬가지’라면서 유근의 구명운동에 나섰지만, 계획적이고 치밀하게 조정을 속인 괘씸죄에 끝내 파직당하였다.

 사건에 관심이 많았던 중종은 김인명을 파직시킨 후 “순천부가 피폐해지고 있다.”라면서 “범상한 인물을 찾아 순천으로 내려보내라.”라고 이조(吏曹, 인사부서)에 지시하였다.
 순천부는 김인명이 부임하기 전, 이공신(李公信)이 순천부사로 내려와 쑥대밭을 만들어 놓았다. 낙안관비(樂安官婢)를 첩으로 삼아 함께 살면서 쌀을 첩에게 바쳐 관고가 텅 비었다.
 이를 항의하던 아전에게 형벌을 가해 아전과 관노비가 일을 그만두거나 도망갔다. 그러던 차, 김인명과 진금이 또다시 관고를 축내다 보니 순천부 살림이 갈수록 힘들었다.
 중종은 부족한 아전과 관노비를 충원할 수 있는 능력 있는 수령을 순천부에 내려보내라고 지시하였다.

 친구를 잘못 둔 탓에 유근은 임실현의 어진 현감으로 백성들에게 존경받는 선정을 베풀었음에도 그 공덕이 빛바랬다.
 김인명이 아무리 귀한 재산이라지만 욕심을 버리고 자신의 여종을 관비로 보내기만 하였어도 사랑과 자리도 지키고 잘나가던 친구의 앞길도 막지 않았을 것이다.

참고문헌 및 자료

『연산군일기(燕山君日記)』
『중종실록(中宗實錄)』
박영규, 『환관과 궁녀』, 웅진지식하우스, 2009
[낭관(郞官)], 한국민족문화대백과사전

조선은 사또의 나라다

2장

살인을 부른 여름 어느 날

억울한 누명이 불러온 참상
화순현감(和順縣監) 최몽석

환갑이 몇 해 전 지난 배검룡(裵檢龍, 대구 배씨). 소일거리가 없어 날마다 화순 읍내 유향소에서 하루를 보내곤 하였다. 그가 사는 화순 내평리는 나라에서 운영하는 가림역(加林驛)이 있었다.

역원(驛院)은 숙박 시설과 관아의 말을 보살피는 곳이다. 당시 교통수단이었던 말에 관심이 많았던 배씨는 이곳을 자주 들러 마구간을 지키는 노비에게 이것저것 물으며 시간을 보내고는 했다.

그러던 어느 날, 배검룡은 마구간에 말 두 마리가 더 있는 것을 보고 깜짝 놀랐다.

다급히 역원 책임자를 불러 어찌 된 일인지 물었지만 아무도 대답해 주지 않았다. 당시 가림역의 말 정수(『화순읍지(和順邑誌), 화순현 가림역 편』)는 열 마리였다. 그 이상 말을 사육할 경우 관리 인원과 경비가 많이 들어가기 때문에 역(驛)의 크기를 고려하여 말의 정수를 정해 두었다.

배검룡이 10리(理, 4km) 길을 쏜살같이 걸어 유향소로 달려갔다. 유향소(留鄕所)의 우두머리였던 호장(戶長)에게 이 사실을 이야기하였다.

"김 호장! 가림역에 정체를 알 수 없는 말 두 마리가 언제부터인가 사육되고 있네. 혹시 들은 바 있는가?"

"금시초문일세. 말 두 마리를 키우려면 전라 관찰부에 보고해야 할 터인데 화순 관아로부터 전해 듣지 못했네. 부족한 관아 살림에 말을 몰래 키우고 있겠는가? 간이 배 밖으로 나오지 않고서는… 자네가 요즘 나이가 들어 눈이 침침한 것 아닌가?"

"무슨 소리야(역정을 내며). 내가 숫자 열도 못 센단 말인가? 날마다 집에서 나올 때마다 둘러봐서 열 마리의 생김새도 알 수 있단 말일세."

"내가 예방을 불러서 알아볼 테니 성질은 내지 말게나."

"분명 사또일 거야. 부임할 때부터 음흉하더라니까…. 관찰사에 고발할 테니 그리 알게."

배검룡은 얼굴을 붉히며 밖으로 나갔다. 그의 이런 오지랖이 어떤 비극적인 결말을 가져올지 이때까지 아무도 알지 못했다.

오후 늦게 예방이 호장의 부름에 쏜살같이 달려왔다.

"내평리에 사는 배씨 알지? 그 친구가 오늘 와서 하는 말이 가림역에 말두 마리가 더 있다던데?"

"호장 나리만 알고 계십시오. 보름 전에 사또가 가져온 말입니다. 역원에서 잘 키워서 팔려고 그러는지, 정성을 다해서 보살피라는 지시가 내려졌습니다."

"나랏돈으로 잘 키워서 지 배를 불리겠다는 말인가?"

"약삭빠른 사또라는 걸 호장 나리도 알고 계시지 않습니까? 나리만 알고 계셔야 합니다. 그리고 부탁이 있사온데… 다음 인사에 이방을 한번 하고 싶습니다. 흐흐흐."

"나야 좋은 게 좋은 거라고, 사또와 얼굴 붉히고 싶지는 않네만 배씨가 관찰사에게 고발하면 온 동네가 시끄러울까 봐 걱정이네. 사또에게 잘 해결하라고 전해."

예방이 곧바로 사또 최몽석에게 호장과 나눈 이야기를 보고하였다.

"뭐야? 감찰부에 고발을?"

말 두 마리를 불법으로 사육시키고 있다는 사실이 전라 관찰부(觀察府)에 고발되면 자신의 목이 날아갈 판이었다. 다급해진 최몽석이 머리를 빠르게 굴리더니 급하게 형방을 불렀다.

"당장 내일 아침 동이 트기 전에 배검룡이란 자를 관아로 끌고 오너라."

다음 날, 영문도 모른 채 잡혀 온 배검룡이 형틀에 묶여 아침부터 심문을 받게 되었다.

공정하게 사건 사고를 처리하는 일은 조선 법률이 정한 지방관의 가장 중요한 책무였다.

조선은 사또의 나라다

피의자를 조사하기에 앞서 관련자와 목격자 등을 불러 1차 심문을 한 후, 유력 용의자와 대질하는 2차, 3차 심문 절차를 진행해야 한다. 그러나 최몽석은 『경국대전』의 집행 절차를 무시하고 곧바로 배검룡을 소도둑으로 몰아세웠다.

"여봐라 형방! 최근 접수된 소 도난 사건에 대하여 보고하여라."
"화순 읍내와 수만리, 소계리, 내평리 마을에서 20여 마리의 소가 도난당하였습니다. 특이점은 10여 명이 무리를 지어 조직적으로 훔쳐 갔습니다."
"지역을 잘 아는 도둑이구나."
"네 사또! 또한, 무리가 가족 단위 같다는 목격자 진술이 있습니다. 형제와 아들 등 연령대가 20~60대로 다양하다고 합니다. 그리고 생김새가 내평리 배씨와 흡사하다는 목격자가 있었습니다."
"지역을 잘 알고 있는 배씨 저놈이 분명하다. 실토할 때까지 매질하거라."

마른 하늘에 날벼락이었다.

"무슨 얼토당토않은 소리요? 목격자와 대면을 해 주시오. 재판도 생략하고 형벌을 함부로 가하는 죄를 모르시오?"

배검룡이 굽히지 않고 법 규정을 따지자 최몽석은 당황했다.

최몽석의 계획은 혹독한 고문으로 허위자백을 받아 내는 것이었다. 그러나 뜻대로 돌아가지 않자 막무가내로 배검룡을 옥에 가두었다.

배씨를 풀어 주었다가는 자신이 더 수세에 몰릴 것으로 판단하고 가두었지만, 시간이 흐를수록 지역 여론이 호의적으로 돌아가지 않았다. 증거도 없이 배검룡을 옥에 가두었다는 소문이 삽시간에 퍼지자 다른 계책을 생각해 내야 했다. 순간 번뜩이는 계책이 생각난 최몽석이 무릎을 탁! 쳤다.

며칠 뒤 최몽석이 나졸들에게 배검룡의 아들과 형제, 그리고 사촌까지 잡아 오라고 지시하였다.

순식간에 동헌 앞마당에 8명이 묶인 채 무릎이 꿇려 있었다. 관아에서 재판이 있다는 소리에 화순 읍내 사람들이 모여들었다.

최몽석은 모여든 백성들의 시선을 의식했는지 어깨에 힘이 잔뜩 들어갔다.

"형방. 읊어 보거라."

사또의 각본에 따라 형방이 사건의 내용을 읽어 나갔다.

"오늘 조직적으로 말을 훔친 마적(馬賊)을 심문하겠습니다."

말 도둑이라는 소리에 사람들이 웅성거렸고, 이유 없이 잡혀 온 배검룡의 형제와 아들은 겁을 먹고 떨고 있었다.

소도둑으로 몰렸던 배씨 가족이 말 도둑으로 하루아침에 바뀐 것이다. 도둑이라는 증거가 없어 풀려날 것이라 생각했던 배검룡은 아들과 형제를 안심시켰다.

각본대로 심문이 진행되면서 모든 것이 최몽석의 계획대로 흘러갔다. 이례적으로 사또가 직접 심문에 나섰다.

"내평리 가림역에 열 마리의 말이 있는데, 얼마 전부터 열두 마리가 마구간에 사육되고 있다. 누군가가 도둑질한 말을 마구간에 몰래 키우고 있다는 증거이다. 분명 내평리에 사는 주민이 아니고서야 역원에 몰래 말을 키울 수가 있겠는가?"

사또가 마구간을 지키는 노비에게 배검룡을 아는지 그가 어떤 언행을 했는지 꼬치꼬치 물었다.

"알다마다요. 매일 같이 찾아와 배씨가 마구간에 있는 말을 살피는 것을 보았습니다. 며칠 전에는 이것저것 말 사육에 관하여 물어본 일도 있습니다."

최몽석의 질문에 노비가 술술 진술했다. 너무나 자신에게 불리한 증언을 듣자 배검룡은 아차 싶었다. 자신이 함정에 빠졌다는 것을 깨달았다. 사건이 불리하게 돌아가자 배검룡이 반문하였다.

"무슨 소리냐? 내가 소일거리삼아 역에 들러 말을 챙기는 사실은 온 화순 사람 다 아는 사실이다. 그리고 내가 무슨 힘이 있다고 나라에서 운영하는 가림역에 말을 몰래 키우겠느냐? 분명 말을 몰래 키우는 것은 사또의 짓이다."

최몽석이 불같이 치고 들어왔다.

"네 이놈! 내가 도둑이라는 것이냐? 나를 도둑으로 몰아세우는 죄는 임금을 도둑으로 간주하는 것이다. 저놈의 입을 당장 찢어 버리거라."

순식간에 동헌 앞마당이 아비규환으로 변하였다.
잡혀 온 배씨의 세 아들과 형제까지 나서 사또의 심문에 부당함을 역설하였다. 그러나 최몽석은 이들을 형틀에 묶게 한 후 고문을 가하였다. 결론은 이미 정해져 있었다. 반나절이 지난 후 사또 최몽석이 모든 절차를 무시하고 판결을 내렸다.

"배검룡의 아들과 형제 8명이 조직적으로 말을 훔쳐서 가림역에 몰래 키우고 있었다. 말 도둑의 죄는 사람을 죽인 죄와 버금간다. 형방은 전라 관찰사에게 8명의 마적을 잡았다고 보고하여라. 그리고 이놈들을 광주 옥에 가두었다가 그곳에서 다시 심문한 후에 전주 관찰부로 보내라."

피범벅이 된 배검룡이 최몽석을 향하여 악을 썼다.

"네 이놈! 하늘이 무섭지도 않으냐? 네놈이 훔친 말을 우리에게 뒤집어 씌운 걸 모를 줄 아느냐?"

최몽석은 마적(馬賊)을 붙잡았다고 전라도 감사(監司)에게 보고한 후 가까운 광주(光州) 옥으로 배검룡 일가를 옮겨 가두었다.

최몽석은 이미 배씨 일가를 살려 둘 생각이 없었다. 광주 옥에는 가혹한 고문이 배씨 가족을 기다리고 있었다.

8명 중 5명이 고문을 견디지 못하고 며칠 만에 광주 옥에서 죽고 말았다. 나머지 세 명도 한 차례 더 형신(刑訊, 정강이 부분을 형장(刑杖)으로 때리는 신문)을 받고 숨지고 말았다.

전라 관찰부에 올라가기도 전에 광주 옥에서 배검룡을 비롯한 8인이 최몽석에 의하여 억울한 죽임을 당하였다.

조선 시대에 소와 말은 농업생산과 교통, 국방에 중요한 가축이었다. 수요보다 공급이 부족하여 소와 말의 가격은 노비(奴婢)보다도 두세 배 비쌌다. 그래서 소와 말은 언제나 도둑들의 표적이 되었으며, 소와 말을 훔치는 우마도적(牛馬盜賊)에게 매우 가혹한 형벌을 내렸다.

시기마다 달랐지만, 한때 소도둑과 말 도둑이 관아에 잡혀 가면 교수형에 처해 지기도 했다.

운 좋게 사형을 면하여도 '소도둑'이라는 죄명을 얼굴에 새겨야만 하였다. 이렇게 소도둑과 말 도둑은 중죄에 처해져서 종종 멀쩡한 사람을 소도둑으로 누명을 씌어 고발하는 사례가 있었다.

"우마적(牛馬賊)이 흥행(興行)하여 백성들이 모두 생업(生業)을 잃고 있으니, 마땅히 극형(極刑)에 처하여야 합니다. 세조가 말하였다. 우마적(牛馬賊)은 그 죄가 비록 크다고 하나 사형(死刑)에 처하는 것은 인정상 차마 할 수 없다."『1460년(세조 6년) 3월 28일』

조선은 사또의 나라다

"형조(刑曹)에서 아뢰기를, 도적이 부쩍 늘어 법을 세웠으나 법의 관대함을 요행으로 알고, 도둑질을 마음대로 자행(恣行)하고 있습니다. 조금도 두려워하거나 꺼리지 않을 뿐 아니라 심지어는 떼를 지어서 백성의 피해가 옛날보다 더욱 심합니다. 청컨대 우마적(牛馬賊) 재범자(再犯者)의 예에 의하여, 도둑질하는 재범자는 5월 1일부로 모두 교형(絞刑)에 처하게 하소서."『1469년(예종 1년) 5월 1일』

　우마적(牛馬賊)에 대한 처벌은 시기마다 조정에서 논의가 있었다.
　세종 때는 곤장 백 대를 치고 가산을 몰수하였다.
　세조 때는 초범이라도 극형에 처해야 한다는 주장이 있었지만 시행하지는 않았다.
　예종 원년에는 주범은 물론, 그의 처도 죄를 물어야 한다는 주장이 있었지만, 주범만 교수형에 처했다.
　이처럼 우마적의 형량은 살인죄와 버금갈 정도였다.
　예종 때 극형을 내렸어도 우마도적의 숫자는 오히려 늘어만 갔다. 추위와 굶주림에 시달리는 백성에게 목숨보다 배고픔이 먼저였기 때문이다.

친구의 도움으로 도망간 최몽석

　전라도 시골 화순에서 억울하게 말 도둑으로 몰려 한두 명도 아니고 아들과 형제, 사촌까지 법적 절차도 없이 개죽임을 당했다는 이야기가 중종에게까지 흘러 들어갔다.

　　　　　　　　　　　조선은 사또의 나라다

중종은 이 사건을 직접 챙기면서 경차관(敬差官)을 보내 철저한 수사를 지시하였다.

6개월에 걸쳐 진상 조사가 이루어졌지만, 화순으로 내려간 경차관이 무슨 연유인지 사또 최몽석을 풀어 주었다.

상식을 벗어난 경차관의 처분에 사헌부에서 경차관 오익념과 최몽석의 추국(推鞫)을 요청하는 상소를 올렸다.

중종은 화를 참지 못하고 최몽석을 당장 잡아 오도록 지시하였다.

"화순 현감(和順縣監) 최몽석(崔夢錫)이 배검룡(裵檢龍) 등 8인을 마적(馬賊)이라고 감사(監司)에게 보고하여 광주(光州)에 옮겨 가두었습니다. 며칠 안에 5인이 죽고 3인은 한 차례 형신(刑訊)을 받고서 죽었습니다. 이는 형벌을 지나치게 한 소치이므로 추국(推鞫)하지 않아서는 안 됩니다. 감찰(監察) 권견(權肩)이 충남 공주에 갔으니 화순으로 가서 추고하게 함이 어떠하겠습니까?" 『1508년(중종 3년) 9월 3일』

4개월 후, 최몽석의 계획적인 살인으로 결론 났다. 그러나 사헌부에서 이 사건의 결과를 중종에게 보고하지 않았다.

화가 난 중종이 이를 질타하자 사헌부에서 '뇌물죄와 삼강오륜을 위반한 죄가 아니라서 보고하지 않았다'라고 변명하였다. 그러나 중종은 8명이 숨진 사건의 중요성을 역설하면서 사헌부에 역정을 내었다.

"최몽석(崔夢錫)의 심문한 기록을 보건대, 피살자를 처음 소도둑으로 가두었으나 도둑질한 증거를 찾지 못하였다. 몽석이 분한(憤恨)을 품고

죽일 것을 계획하였으리라. 피살된 사람들이 당초에 관아(官衙) 안에 있는 정수 이외의 말 2필을 전라 감사에게 고발하려 하였다. 몽석이 이를 미워하여 소도둑으로 몰아 위반하는 형벌을 함부로 가한 것이며, 부자·형제 등 연루된 사람이 8인이다. 무릇 형벌을 잘못 시행하여 사람을 죽인 것은 비록 용서를 받았다 해도, 사헌부에서 당연히 논박해야 할 터인데 아니하였다. 나의 뜻으로는 이 일이 너무나 심한 것 같다. 이를 만약 모두 풀어 준다면 후대의 사람을 징계하지 못할 것이다."『중종 4년 1월 6일』

화순으로 내려간 유지경차관(宥旨敬差官) 오익념(吳益念)은 전라북도 김제 출신으로 최몽석과 이웃에 살았던 친한 친구 사이였다. 유지경차관은 죄인을 풀어 줄 수 있는 은사(恩赦) 또는 특사(特赦)의 사면권을 가지고 있었다.

공교롭게도 아니면 운이 좋았던지 최몽석은 '형벌을 잘못 시행한 죄밖에 없다'라는 이유로 사면되었다.

화순에 도착한 오익념은 최몽석이 도망갈 수 있도록 4개월의 시간을 벌어 준 후, 의도적으로 늦게 보고하였다. 이를 두고 조정에서 한바탕 소동이 일어났다.

개인적인 친분으로 최몽석을 풀어 주고 도주시킨 오익념에게 벌을 주어야 한다는 주장이 끊임없이 제기되었지만, 중종은 냉정함을 잃지 않았다.

유지경차관에게는 사면권이 있으니 죄를 물을 수 없다는 견해였다. 그리고 경차관이 오래 머무른 일은 당연한 직무라면서 오익념에 대해서는 관대하였다. 다만 행방이 묘연한 최몽석만큼은 잡아 와 추국하라고 지시하였다.

정언 유옥(柳沃)이 경차관 오익념이 화순 현감 최몽석의 죄를 사면했음을 아뢰었다.

"신이 전라도에서 오면서 듣건대, 전 화순 현감(和順縣監) 최몽석(崔夢錫)은 살인한 것이 8~9명에 이르므로 그 죄가 아주 중한데, 유지경차관(有旨敬差官) 오익념이 윗선에 보고하지 않고 마음대로 석방하여 도망하였으니, 신의 생각으로는 사정(私情)을 쓴 것이 아닌가 합니다." 『중종 4년, 1509년 2월 9일』

중종이 사헌부에 전교하였다.

"사헌부에서 최몽석이 사면을 받아 풀려난 것으로 보고하였는데, 나의 뜻으로서는 참혹하므로 다시 추고하도록 한 것이다. 경차관은 죄의 경중을 고찰하여 석방할 만하면 석방할 수 있으므로 추고하여서는 안 된다. 또 비록 오래 머물러 있었다 하지만, 묵어야 할 곳에 당하면 또 묵어야 하니, 추고할 수 없다." 『중종 4년, 1509년 2월 15일』

최몽석의 친구 오익념은 정언(正言)으로 일하면서 자주 왕에게 옳은 말을 직언하는 신하로 알려져 있다. 어려운 처지에 있는 백성에게 선정을 베풀도록 간언하기도 하였으나, 거듭되는 직언이 화근이 되었다.

폭군이었던 연산군이 성질을 이기지 못하고, 오익념을 의금부에 가두어 장형(杖刑)을 때린 후 유배를 보냈다. 연산군을 폐위시킨 중종이 즉위하면서 오익념은 경차관 등 주요 요직에 임명되었다. 그래서인지, 중종은 오익념에게 죄를 묻지 않았다.

소신이 있는 오익념이었지만, 친구 최몽석을 풀어 줬던 게 그의 인생 오점이었다. 친구의 도움으로 도망간 사또 최몽석은 잡혀서 극형에 처해졌는지, 아니면 산속으로 들어가 평생 숨어 살았는지 알 수 없다. 이후 조선왕조실록 등 어디에도 최몽석과 관련된 기록이 없기 때문이다.

'죽마고우' 최몽석과 오익념

대과(大科)를 앞두고 있던 오익념이 친구 최몽석에게 지난밤 꾸었던 꿈 이야기를 하였다.

"꿈에서 하늘에 급제 명단이 붙어 있는 것을 봤는데, 장원급제 한 사람은 '卓韋言川'이었고, 내 이름은 세 번째에 있었네."
"卓韋言川이라는 사람 이름이 어디에 있는가? 개꿈일세."

대과 시험을 마치고 결과가 나왔다는 소식에 달려간 오익념은 명단을 보고 깜짝 놀랐다. 한훈(韓訓)이 장원이었고, 자신은 정말 삼등이었다. 그때야 비로소 알게 되었다. '卓韋'은 '韓'의 파(破)자이고, '言川'은 '訓'의 파자였다.

오익념은 1494년(성종 25) 별시에서 을과에 급제하였다. 을과 급제는 갑과(1~3등) 다음으로 실제는 4등이다. 김정국이 지은 『사재척언(思齋撫言)』에 오익념의 꿈 이야기가 소개되어 있다. 오익념의 꿈을 소개하면서 김정국은 '可知人事莫不有前定也'라고 하면서 '사람의 일 가운데 미리 정해지지 않은 것이 없다'라고 하였다. 하지만 3등과 4등은 비슷하게 생각할 수 있지만, 대우와 이후 관직에 나아가는 길에 차이가 있었다.

갑과 1등은 장원랑(壯元郎)으로 종6품의 홍문관(弘文館) 벼슬을 주었고, 2등은 방안(榜眼) 또는 아원(亞元)으로 정7품, 3등은 탐화랑(探花郎) 또는 담화랑(擔花郎)으로 정7품의 품계를 주었다.

을과 급제인 4등부터 13등까지는 정8품의 품계를 주었다. 정8품에서 정7품으로 승진하는데 최소 3~5년의 세월이 걸렸다.

'사람의 일 가운데 정해지지 않은 게 없다'라는 오익념의 꿈 이야기처럼 화순에서 오익념과 최몽석의 만남은 운명이었을까?

가림역 무지개 샘의 전설

화순군 화순읍 내평리에 청춘 남녀의 애달픈 전설이 있는 샘이 있다. 조선시대 가림역(加林驛, 내평리) 부근에 노복(奴僕)과 노비(奴婢) 100여 명이 수십 필의 말을 보살피며 관가(官家)의 통신을 돕고 있었다.

1789년에 발간된 『화순읍지』에 따르면 가림역 역원(驛院)에 말 10필을 관리하기 위하여 노비 50명 여종 55명, 총 105명이 근무하고 있다고 기록되어 있다.

가림역의 노비들은 대부분 중년의 부녀들로 취사와 잡역을 도울 뿐 관원들을 응대하며 보필할 얌전한 처녀는 별로 없었다.

화순 관아에서 고심한 끝에 처녀들을 강제로 선발하여 끌어왔는데 그중에는 사촌(沙村)에 사는 옥녀라는 처녀가 있었다.

옥녀는 이름대로 하얀 얼굴에 날씬한 몸매를 가진 어여쁜 처녀였다. 몸가짐도 단정하고 공손하여 뭇 사내들이 아내로 맞이하고 싶은 갈망의 대상이었다. 이런 옥녀에게는 남모르게 가슴 깊이 간직하고 있는 사내가 있었다.

화창한 어느 봄날, 옥녀가 친구들과 고사리를 캐러 갔다가 길을 잃어버렸다. 이때 소나기가 내렸는데, 마침 큰 바위를 발견하고 바위 밑을 향하여 달려갔다. 바위 아래는 한 총각이 소나기를 피하고자 먼저 자리 잡고 앉아 있었는데, 옥녀가 오자 얼른 일어서면서 옆자리를 양보하였다. 이 사람은 이웃 마을 총각이었고, 두 사람은 마음이 통해 정(情)을 나누게 되었다.

이후 두 사람은 자주 만나 달콤한 사랑을 나누었고, 이듬해에는 결혼을 약속하였다. 그런데 어느 날 갑자기 가림역의 관원들이 옥녀를 노비로 선정해 버렸고, 이를 따르지 않으면 부모에게까지 중형이 내려질 것을 염려한 옥녀는 하는 수 없이 노비가 되었다.

그곳에서 관원에게 몸을 바치고 시중을 들어야 한다는 것을 알게 된 옥녀는 용기를 내어 역관을 탈출했지만, 갈 길이 막연했다. 이에 스스로 혀를 깨물고 우물 속으로 몸을 던져 버렸다. 이 사실을 알게 된 총각도 우물로 달려가 몸을 던져 옥녀의 뒤를 따랐다.

조선은 사또의 나라다

어느 날, 그 샘으로부터 하늘에까지 오색찬란한 무지개가 놓이고 처녀와 총각이 샘에서 나와 무지개를 타고 하늘로 높이 올라갔다. 그 뒤부터 이 샘을 무지개 샘이라 하였다.

참고문헌

『세종실록(世宗實錄)』

『세조실록(世祖實錄)』

『예종실록(睿宗實錄)』

『중종실록(中宗實錄)』

『연산군일기(燕山君日記)』

『국조문과방목(國朝文科榜目)』

『화순읍지(和順邑誌)』

『사재척언(思齋摭言)』

[네이버 지식백과] [갑과(甲科)] (두산백과)

『思齋摭言 - 金正國』可知人事莫不有前定也

화순군청 홈페이지, 「무지개 샘의 비연」

한국마사회(자료 제공)

전죽(箭竹)을 지켜라
나주목사(羅州牧使) 이갱생

——

나주의 토호(土豪, 오랫동안 지역에 살면서 양반만큼 세력이 있는 사람) 정이명이 호방(戶房) 양한룡을 만나러 거만하게 나주목 관아로 들어왔다.

양한룡은 나주목 관아의 살림과 세금 징수를 총괄하는 아전이었다. 정이명을 보자 양한룡은 연신 굽신거리며 질청(迭請, 아전들이 업무를 보는 장소)으로 데려갔다.

관아 아전 6방 중에서도 이방·호방·형방이 가장 중요했는데, 이방은 사또의 비서실장과 인사업무를 담당하여 그중 우두머리였다. 호방은 세금 징수와 관아 살림을 담당한 업무를 보았으며, 형방은 소송·형옥·법률·노비 등에 관계된 실무를 맡았다.

정이명이 얼굴을 붉히며 양한룡에게 버럭 역정을 냈다.

"벌써 몇 번째 약속을 못 지키는 게야? 일 처리 하나 제대로 못 하고… 쯧쯧. 다음 인사가 얼마 남지 않았어. 무슨 말인지 알겠는가?"

양한룡은 자신의 명줄을 쥐고 있는 정이명의 역정에 몸 둘 바를 몰랐다.

"나리도 알다시피, 신임 사또 이갱생이 보통 놈이 아니란 걸 아시면서 그러십니까?"

정이명은 지역 품관으로 유향소를 좌지우지할 힘을 가지고 있었다.
유향소는 조선 초기에 악질 아전을 규찰하고 고을의 풍속을 바로잡기 위해 지방의 품관들이 조직한 자치기구이다. 아전의 인사를 상관인 사또가 아닌 유향소에서 관장했기 때문에 직속 상관인 사또보다 정이명의 눈치를 보는 건 당연하였다. 그래서 지역 토호들의 친인척과 자식들이 아전으로 채용되었다.
양한룡과 정이명도 외가로 친척이었다.

"자네가 관아 살림을 맡은 지가 몇 년인가? 이 바닥에서 잔뼈가 굵었는데, 늙은 뒷방 늙은이 하나 구슬리지 못한단 말이야?"
"지금 사또는 너무 다릅니다. 우리가 할 일을 직접 나서서 일일이 챙깁니다. 아랫것인 저희도 죽을 맛입니다. 저희가 월급이 있습니까? 승진이 있습니까? 사또가 목을 죄웁니다."

호방의 하소연에 고개를 끄덕거리던 정이명이 곰곰이 생각에 잠기었다. 잠시 후 의미심장한 말을 불쑥 내뱉었다.

"관고(官庫) 열쇠를 자네가 가지고 있지?"

"아랫것들에게 맡겨 두었습니다."

"이달 말까지 전죽(箭竹) 1,000개는 산채와 거상에게, 나머지 1,000개는 거래처에 반드시 보내야 하네. 차일피일 약속을 미룰 시간이 없어. 이미 돈까지 받았단 말일세."

"그 말씀은 전죽을 훔치라는?"

"방법이 그것밖에 없지 않은가?"

　나주는 비옥한 넓은 평야에서 생산되는 곡물이 풍부하여 토호(土豪)와 아전의 세력이 강했다. 조정에서 세금을 거두기 위해 농지측량을 전문적으로 담당하는 양전관(量田官)을 지역으로 보내 토지대장을 작성하게 하였다. 그때마다 아전과 토호들이 손을 잡고 양전관을 속이고, 자기들 마음대로 조세를 정하여 농민들을 괴롭혔다. 또 토산물 가운데 좋은 것을 골라 자기들이 차지하고 그 나머지를 진상(進上)하기도 하였다.

　관아의 행정 실무를 담당한 아전들은 월급이 없었다. 지금으로 따지면 공무원에게 월급을 주지 않고 세금을 걷을 때, 조금씩 더 걷어서 월급으로 충당하라는 것이었다. 그래서 사또들이 어느 정도까지는 눈감아 주었다. 하지만 아전들이 선을 넘는 경우가 있었다.

　정도껏 해야 하는데, 부를 충당하는 수단으로 백성들에게 높은 세금을 거둬들인 경우가 많았다.

　양한룡과 정이명이 대량의 전죽을 훔치려는 의도도 이러한 조선시대 지방행정의 구조적 모순에서 비롯되었다.

나주목사 이갱생(李更生)은 독특한 성격을 지닌 인물이다. 친하게 지내던 심명세(沈命世)의 권유로 광해군을 쫓아내기 위한 '인조반정'에 가담하였다.

반정에 성공한 뒤 정사공신(靖社功臣)을 책봉할 때 이를 사양한 유일한 인물이다. 친구 심명세는 정사공신 1등으로 책봉되어 가선대부(嘉善大夫, 종2품)의 품계까지 올랐다.

공신 책봉을 사양했다는 이야기를 전해 들은 인조는 이갱생을 형조 좌랑·공조 정랑으로 임명하여 곁에 두었다. 목숨을 걸고 반정에 참여하였지만, 공신 책봉을 사양하고 고향으로 갔을 정도로 욕심이 없었다. 그런 이갱생이 나주목사로 부임하면서 아전과 지역 토호들은 바람 앞에 촛불 신세가 되었다.

성품이 곧고, 관찰력이 뛰어났던 이갱생은 부임 초기, 업무를 파악하면서 토호와 아전들이 손을 잡고 관고의 물건을 빼돌리고 있다는 걸 알아차렸다. 결단력이 남달랐던 그는 자체 형벌을 사용하여 아전과 토호들을 억눌렀다. 아전의 횡포에 벗어난 백성들은 좋아했지만, 아전과 토호들은 하루빨리 사또가 사라지기만을 바라고 있었다.

부임 후 아전의 횡포와 토호(土豪)의 발호를 막는 등 선정을 베풀어 인조로부터 반숙마(半熟馬) 1필을 하사받기도 하였다. 이렇듯 왕으로부터 신임받는 어진 사또 때문에 3년여 가까이 숨죽이던 아전과 토호들은 결국 제 살길을 위해 돌파구를 찾기 시작했다.

　형방이 아침 일찍, 급하게 사또 이갱생을 깨웠다.

"사또 나으리. 큰일 났습니다. 임금님에게 진상할 전죽 5,000개가 사라졌습니다."

"어제저녁에 도둑이 들어온 것이냐?"
"철저하게 관아를 지키고 있어서 도둑이 들어올 빈틈이 없습니다. 혹시 몰라서 어제저녁 당직자들을 동헌에서 추문하고 있습니다. 채비하시고 그쪽으로 지금 가셔야 할 것 같습니다."

　당직 나졸 두 명이 사또가 도착하자 사건의 심각성을 눈치채고 이실직고 실토하였다.

"밤 10시가 넘어서 호방 나리께서 창고를 정리한다고 3~4명과 함께 왔습니다. 혹시 도울 일이 없느냐고 물었더니, 돈을 주면서 주막에 가서 술 한잔하라고 하였습니다. 몇 번이고 거절하였지만… 죽을 죄를 지었습니다. 사또."
"근무 시간에 근무지를 이탈하고 술을 마신 죄는 다음에 논하겠다. 당장 호방을 잡아 오너라."

　한참 후 호방 양한룡이 잡혀 오고 사또의 심문이 이어졌다.

"곧 진상할 물품을 정리하였을 뿐이지 전죽을 훔치지 않았습니다. 그리고, 나졸들이 고생하길래 술 한잔 사 준 죄밖에 없습니다. 죄가 있다면 장부 관리를 소홀히 한 것뿐입니다"

"전죽 장부의 오류라고? 전죽 5천 개가 없어진 게 아니라, 애초에 없었다는 것이냐? 이게 말이 되는 소리냐? 이방과 형방!"

"과거에도 진상할 물품들을 정확하게 파악하지 못한 사례가 여러 번 있었고, 손실처리를 하지 못하여 누락된 채 지금까지 오는 사례가 종종 있습니다."

이방이 사또의 물음에 변명하였다. 양한룡은 증거가 없다는 걸 알고 더 당당하게 맞섰다. 무엇보다 이방까지 사전에 매수했던 터라, 쉽사리 호방이 전죽을 훔친 증거를 찾아내지 못하였다.

밤이 깊어지고 다음 날까지 조사가 이루어졌지만, 누구도 사또를 도와주기는커녕 오히려 호방의 편에 서서 사건이 미궁으로 치달았다. 양한룡은 곧바로 옥에 갇혔고, 다음 날 다시 추문이 종일 이어졌다. 그러나 양한룡이 입을 다무는 바람에 이렇다 할 성과를 거두지 못하였다.

그날 밤 해(亥) 시(22시). 야음을 틈타 검은 옷에 복면을 두른 괴한들이 관아에 숨어들었다.

그들은 내부 지리를 잘 아는 듯 곧장 옥(獄)으로 향했다. 꾸벅꾸벅 졸던 나졸들을 손쉽게 제압하고 누군가를 찾고 있었다.

"나 여기 있네."

조선은 사또의 나라다

양한룡이 괴한들을 반겼다. 탈옥한 양한룡과 괴한들이 관아를 빠져나가기 위해 동헌을 가로 질렀다.

그때 우두머리로 보이는 무리의 선두에 선 자가 우뚝 멈춰 섰다. 그 모습에 양한룡이 의아해 물었다.

"어쩌시려고요. 누가 알아채기 전에 빠져나가시죠."
"아니다. 이왕 이렇게 된 거 결착을 지어야겠다."

챙. 허리에 찬 칼을 뽑아 들고 사또가 자고 있는 내아(內衙)로 향했다. 칼로 무장한 이들이 내아로 들어서자 근무를 서고 있던 나졸들이 줄행랑을 쳤다.

소란을 눈치챈 이갱생이 검을 챙겨 방에서 나왔다.

"웬놈들이냐! 여기가 감히 어디라고."

이갱생이 대청마루에 서서 괴한들을 향해 칼을 겨누었다.

"당장 무기를 버리고 투항하면 목숨만은 살려 주마."
"투항? 하하. 오늘이 사또의 제삿날이오."
"오늘 나를 죽인다면 니놈들은 물론이고 가족에 자손들까지 능지처참을 당할 것이다!"

수적인 열세에도 불구하고 쩌렁쩌렁하게 적들을 윽박지르는 이갱생의 결기에 순간 괴한들은 멈칫했다.

"닥쳐라! 뭣들 하느냐 죽여라!"

　선두에 선 자가 이갱생을 향해 달려들었다. 깡- 둘의 칼이 부딪치는 소리가 관아를 울렸다. 노령의 나이에도 무인의 기질이 있었던 이갱생은 상대의 칼날을 흘리고는 복면을 확 잡아 당겼다.
　어둠 속에 숨겨졌던 괴한의 얼굴이 드러났다.

"정이명 이놈!"

　갇혀있던 양한룡을 탈출시키고 그것도 모자라 관아를 습격해 사또를 죽이려 했던 대역 죄인은 바로 토호 정이명이었다.

　양한룡과 결탁한 정이명은 양한룡이 투옥되는 소식을 듣고 그가 실토한다면 자신도 목숨을 부지하지 못할 거라는 것을 알기에 이토록 대담한 짓을 벌인 것이었다.
　이갱생의 눈의 분노로 뒤집혔다. 이성을 잃은 이갱생은 다른 복면인들이 뒤에서 접근하는 것을 알아채지 못했다.
　푸욱. 서늘한 칼날이 이갱생의 허벅지를 뚫고 들어왔다. 시뻘건 피가 꿀럭꿀럭 뿜어져 나왔다.

　　　　　　　　　　　　　　조선은 사또의 나라다

"크아악!"

사또의 끔찍한 비명이 울려 퍼졌다.

"뭣들 하느냐! 마무리 지어라!"

정이명의 명에 이갱생의 목을 노린 칼이 날아들었다. 이갱생은 마지막 힘을 다해 몸을 뒤로 굴렀다. 갈 길을 잃은 칼들이 허공을 헤매었다.

"멈추어라!"

그 순간 20여 명의 관원들이 들이닥쳐 사방에서 적들을 포위했다. 도망친 나졸들이 구원군을 데려온 것이었다.

정이명과 양한룡을 비롯한 괴한들은 황급히 퇴로를 열어 달아났다.

판관과 관원들이 사또의 위급한 상태를 보고 즉시 내원으로 이송하려 하였다.

"지금 내 목이 날아가지도 않았는데 무슨 호들갑이냐? 당장 정이명과 양한룡의 집으로 가거라!"

이갱생이 피가 흐르는 허벅지를 스스로 지혈하며 외쳤다. 신속하게 판관에게 양한룡과 정이명 일당을 밤이 지나가기 전에 잡아 오도록 명령하였다.

대범한 범행처럼 과감하게 어리석었던 정이명 일당은 아침 일찍 만나기로 하고 각자 집으로 향했다. 칼을 맞아 생명이 위급한 사또를 보았기 때문에 편안하게 집으로 간 것이다.

그러나 나졸들이 자정이 넘는 시간에 들이닥쳐 정이명 일당 모두를 잡아 옥에 가뒀다.

다음 날 아침, 이갱생은 응급조치만 한 채, 직접 추문에 나서 모두에게 자백을 받아 냈다. 그리고 즉시 사건의 전후 사정을 전라 감사에게 보고하였다.

1645년 7월 11일

전라 감사 윤명은(尹鳴殷)이 인조에게 보고서를 올렸다.

"나주목사 이갱생이 인심을 잃어서 아전과 품관들에게 칼에 찔렸습니다. 이런 변고가 생긴 것은 본인의 잘못이니, 이갱생을 파직시키소서."

그러자 이조(吏曹)와 비변사(備邊司)에서 다른 의견을 내놓았다.

"적도(賊徒)들을 국문도 하기 전에 수령을 파직시키는 법은 없습니다. 아전과 품관이 합심하여 전하를 대신하여 내려간 수령을 칼로 찌른 사건입니다. 반역의 죄를 물어야 할 적도를 도와주는 꼴이 되오니, 목사 이갱생을 파직시키지 마소서."

양측의 주장이 엇갈리자 형조(刑曹)에서 5일 후, 사건의 전후 사정을 기록한 문건과 함께 계목(啓目)을 올렸다.
　사건기록을 유심히 살핀 인조가 입을 열었다.

"반역에 가까운 큰 사건을 평범하게 처리해서는 안 된다. 추고(推考)할 경차관(敬差官)을 파견하여 엄중하게 국문(鞫問)하여라. 그리고 법에 따라 적도들을 사형시켜라. 나를 대신하여 내려간 수령에게 칼을 찌른 것은 반역죄이다. 나주(羅州)의 읍호(邑號)를 강등하고, 전라 감사(監司) 윤명은을 잡아서 국문하여라."

　곧바로 경차관 장응일(張應一)이 나주로 내려가 정이명 일당을 국문하였다. 장응일은 지금의 검찰이었던 사간원과 사헌부에서 정언과 지평으로 일한 경험 많은 수사관이었다.
　장응일은 국문하는 중에 정이명의 아들이 사건에 연루되었다는 사실을 알게 되었다.
　정이명이 눈물을 흘리며 떨리는 목소리로 말하였다.

"아들은 죄가 없습니다. 아비의 말을 잘 따른 효자입니다. 돈에 눈이 멀어 아비가 아들을 악의 구렁텅이에 빠뜨렸습니다. 나으리! 제발 저의 장손을 살려 주십시오."

　아들의 죄를 계속해서 말하지 않자 몽둥이가 날아갔고, 정이명은 그 자리에서 꼬꾸라졌다. 이 광경을 옆에서 지켜보던 정이명의 아들이 입을 열었다.

"아버님 제발 제 죄를 말씀하십시오. 아버님이 시킨 게 아니라, 제 의지에 따라 행동했습니다."

잠시 눈을 감고 듣고 있던 경차관 장응일이 국문을 잠시 멈추었다.

"아비가 자식의 죄를 이야기하면 천하의 부자(父子)가 어떻게 되겠는가? 아비와 장남이 다 변을 당해서야 대를 어찌 잇겠는가. 또 조선사람들 마음이 과연 어떠하겠는가? 아들을 석방하여라!"

재판 후, 조정에서 장응일의 판결에 대해 신중하게 처리했다고 평가하였다. 이 사건 후 장응일은 '청천백일 장헌납(靑天白日 張獻納)'이라고 불렀다.

청명한 하늘에서 밝게 비치는 태양으로 세상 사람 누구나가 다 알아보는 훌륭한 인물이라는 뜻이었다. 국문 결과, 정이명과 양한룡 일당 10여 명은 반역죄로 목이 잘려 나주 저잣거리에 사흘 동안 효시 되었다.

그리고 나주(羅州)목은 금성현(錦城縣)으로 강등됨에 따라 전라도의 명칭도 바뀌었다. 전주와 나주의 앞자리에서, 전주와 남원의 앞자리의 이름을 따서 '전남도(全南道)'로 변경되었다. '전남도' 명칭은 1645년(인조 23) 7월부터, 1664년(현종 5) 4월까지 19년 동안 사용되다가, 다시 '전라도'로 바뀌었다. 현종이 1664년 금성현(錦城縣)을 다시 나주목(羅州牧)으로 승격시켜 주었다.

한편, 정이명과 양한룡을 감쌌던 전라 감사 윤명은은 사실을 제대로 파악하지 못하고, 이갱생에게 모든 잘못을 돌린 죄로 파직당하였다.

1645년(인조 23년) 10월 18일

사건을 마무리한 후, 인조는 이갱생을 금성현감으로 연임시키도록 명하였다. 그러나 그는 칼 맞은 후유증과 정신적 스트레스가 심해 벼슬을 버리고 고향인 경기도로 가 버렸다.

3개월 동안 현감 자리가 공석이 되어 민원이 빗발치자, 인사담당 부서인 이조에서 이갱생의 행동에 죄를 물어야 한다고 인조에게 보고하였다.

"금성 현감(나주 부사) 이갱생을 도로 부임시키려고 이조에서 여러 날 재촉하였습니다. 그러나 병세가 위중하여 먼 곳으로 부임할 수 없다고 핑계를 대면서 움직이지 않고 있습니다. 칼에 찔려 상처가 몹시 심하여 정신마저 혼미한 데다, 나이가 들어 기력도 약하다고 합니다."
"큰 고을의 수령을 더는 비워 두어서 되겠느냐?"
"중상을 입었으니 그곳에 있고 싶지 않은 것은 인지상정입니다. 그러나 전하께서 별도로 처리하신 지극한 뜻을 깊이 생각하여 더욱 힘을 내서 백성을 살피다가 조용히 물러나는 게 도리입니다. 이런 생각은 하지 않고 갑자기 관직을 버리고 올라갔습니다. 소행이 이러한데도 그가 하는 대로 내버려 둔다면 국법을 시행하기 어렵고 인심 또한 흉해질 것입니다."

조선은 사또의 나라다

비변사에서도 이갱생에게 죄를 물어야 한다고 거들었다.

"이갱생이 오랫동안 관에 돌아가지 않은 죄는 파직의 죄과를 면하기 어렵습니다. 그를 대신할 인물을 속히 찾아서 금성현으로 내려보내야 합니다."

인조가 고심 끝에 입을 열었다.

"이갱생은 나를 도운 공신이다. 수령으로 일하다 칼을 맞아 중상을 입어서 움직이지 못하고 있다. 국법에 따라 죄를 물어야 하지만 환갑이 넘는 나이다. 그동안 고을을 잘 다스린 공이 많다. 금성현감은 다른 인물로 교체하고, 조용히 고향에서 머물 수 있도록 배려하여라."

반정에 참여한 공신이라도 왕명을 어긴 죄를 물어야 한다는 여론이 높았지만, 인조는 그를 아껴 고향에 돌아갈 수 있도록 선처해 주었다.

이갱생은 일 처리는 엄격하고 냉정하였으나 마음은 너그러웠다. 인간관계도 좋아서 주위에 어진 사람이 많았다. 심명세와 함께 반정에 참여한 그는 능양군(陵陽君, 인조)을 한번 만나 보고는 반정이 성공하기 전까지 다시는 가지 않았다.

이를 두고 반정 참여자들이 오해하였다. 인조가 세 번이나 사람을 보냈으나 끝내 벼슬을 사양하고 나오지 않았다. 공을 세우고도 권력을 버리고 초야로 들어간 인물은 찾아보기 어렵다.

"이분이 장차 우리의 임금이 될 터인데, 가까이에서 친하기를 바라면 은혜를 구하는 삶이 된다."

환갑이 넘는 나이에 나주목 관아 일을 하나하나 챙긴 열정적 인물이었지만, 그는 하극상의 후유증으로 말미암아 생을 마감하였다.

우여곡절 끝에 금성현감에서 물러난 이갱생은 광릉(廣陵)에 있는 시골 농장으로 돌아와 은거하였다. 그러나 5개월 후, 건강이 극도로 나빠져 1646년(인조 24년) 3월 27일 사망하였다. 향년 62세였다.

아전과 지역 토호가 손을 잡다

정이명과 호방 양한룡이 임금에게 진상할 전죽을 훔치려는 이유가 무엇이었을까?

화살대를 만드는 대나무 종(種)이 전죽이다. 전죽은 낭창낭창하면서 단단하여 회초리로 사용하였으며, 그 쓰임새가 많았다. 중부 이남 해안지대에서 자라서 이대라고 불렀고, 산기슭에 자라는 가짜 대나무란 뜻으로 위대(僞대)로 불리다가 언젠가부터 이대로 바뀌었다.

이대는 가늘고 곧게 자라서 위아래 굵기가 비슷하고, 마디가 튀어나오지 않아 전투용 화살대로 최적이었다. 북부지역에서는 이대가 자라지 않아 싸리나무로 화살대를 대체하였다.

이대는 화살대 외에도 붓대, 담뱃대, 낚싯대, 바구니 등 죽세공 재료로 쓰였다. 조정에서 전술 훈련을 이유로 이대를 진상하게 함에 따라 생활

필수품에 사용될 이대가 부족하였다.

세종 15년(1433) 6월 17일, 병조에서 아뢰었다.

"전술 연습에 쓸 화살대[箭竹]를 함길도와 강원도, 평안도, 충청도는 1만 개, 경상도와 전라도는 2만 개씩 해마다 실어 조정으로 보내게 하소서."

각 도에서 해마다 1~2만 개의 화살대를 조정에 진상하다 보니, 공급과 수요의 시장원리에 따라 전죽의 가격이 천정부지로 치솟았다. 북방민족의 충돌이 끊이지 않았던 함경도, 평안도 등지는 정작 이대가 나지 않았다. 그 때문에 조정에서 중부 이남 지역에 화살대를 공급하는 대책을 마련하였다. 총이 나오기 전까지 이대의 확보는 전쟁에서 승리의 지름길이었다.

우리나라에서 활이 발전한 이유는 산성 전투 때문이다. 산성 입구를 부수기 위해 접근하는 적을 막는 데 최고의 무기가 화살이었다.

대나무가 많았던 나주목에 이갱생이 부임하기 전까지는 호방과 토호들이 진상할 전죽을 훔쳐서 곳곳에 팔아 잇속을 챙겼다.

도둑질이 대범해지고 언젠가부터 유통망까지 갖추었을 것이다. 대부분 신임 사또는 관아 살림보다 인사고과에 반영되는 민원과 사건 사고 해결에 관심이 많았다. 진상할 물품을 조정에 제때 보내기만 하면 관고 물품에 관심이 없었다.

그렇다 보니 정이명 일당은 시장 상인에서부터 거상, 그리고 산적들과 비싼 가격으로 전죽을 거래하기 시작하였다.

거래 규모가 커지자 정이명 일당은 6방뿐만 아니라, 힘 있는 지역 토호들을 포섭하여 손쉽게 전죽을 훔칠 수 있었다. 아전의 인사를 좌지우지했던 정이명 일당이 수십 년간 배를 채우다 뜻하지 않은 복병을 만나게 되었다.

신임 사또 이갱생은 진상(進上)할 전죽(箭竹)을 고르는 임무를 아전에게 맡기지 않았다. 본인이 직접 대나무밭에 가서 최상품만을 골라 창고에 보관하고 관리하였다. 3년이 지나도록 빈틈이 보이지 않자 온갖 호사를 누렸던 정이명과 양한룡의 일상이 하루아침에 날아가 버렸다. 그들은 현실에 충실하지 못하고 과거의 부귀영화만을 생각하며 전죽을 훔쳤고, 눈엣가시였던 사또를 제거하려 하였다. 그러나 그들의 꿈은 이갱생을 죽이지 못하는 바람에 화살처럼 날아가 버렸다.

참고문헌

『세종실록(世宗實錄)』

『인조실록(仁祖實錄)』

『승정원일기(承政院日記)』[인조편]

『국조인물고(國朝人物考)』

『국역비변사등록 9책』

『국조방목(國朝榜目)』

『국조보감(國朝寶鑑)』

『신증동국여지승람(新增東國輿地勝覽)』

『연려실기술(燃藜室記述)』

『해사록(海槎錄)』

『소전집(少痊集)』

『응천일록(凝川日錄)』

『청천당집(聽天堂集)』

『국조인물고(國朝人物考)』

[네이버 지식백과] [이갱생(李更生)] (한국민족문화대백과, 한국학중앙
연구원)

[네이버 rented_38493님의블로그] 나무 이야기(114) 왕대 솜대 이대 조릿
대를 통틀어 대나무(https://blog.naver.com/rented_38493/222352964364)

'쉬파리' 한 마리에 볼기 '한 대'
순천부사(順天府使) 양경로

—
1445년 7월 말 순천부 동헌

이방과 형방, 예방 등 6방과 아전 수십 명이 뜨거운 무더위 속에서 '쉬파리'를 잡기 위해 아침부터 혈안이 되어 있었다.

쉬익- 쉬익- 이곳저곳에서 파리채를 휘두르는 소리가 끊이지 않았다. 한쪽에서는 썩은 고기로 쉬파리를 유인하여 그물을 던졌다. 단 한 마리의 쉬파리로도 남김없이 잡기 위해 순천부 아전들은 더위에 아랑곳하지 않고 눈에 쌍심지를 켰다.

5시간째 쉬파리 소탕 작전이 이어지자 여기저기서 불만이 터져 나왔다. 쉬파리는 7월 중순에 가장 많이 번성하는 곤충으로 사람이나 동물의 분에서 발생한다.

"우리 목숨이 쉬파리 목숨보다 못한 신세네."

"어제 자네는 볼기 몇 대를 맞았는가? 난 5대나 맞았네 그려. 엉덩짝이 빨개진 채로 집에 갔더니 아들놈이 물어보더라고. 쉬파리 때문에 맞았

　　　　　　　　　　　　조선은 사또의 나라다

노라고 차마 입 밖으로 말이 나와야 말이지. 순천부 아전이 조선의 극한 직업일세"

"자네는 그래도 5대여서 다행이구먼. 난 양쪽 5대씩 10대나 맞았네. 어제 내 담당구역이 해우소였네…. 더러워서 못 해 먹겠어. 이놈의 사또 하루빨리 떠나라고 물 떠놓고 빌어야 할 판이야."

아전들이 불만을 털어놓자 이방이 나서서 입단속을 하였다.

"사또가 들으면 어쩌려고 그러느냐? 저기, 저 저 쉬파리가 날아가네, 어여 잡아!"

나름 나라의 녹을 받아먹고 사는 공무원들이 공무는 보지 않고 파리채를 들어 벌레를 쫓는 웃지 못할 가관이 연일 계속되고 있었다.

"이방 나리! 저희가 쉬파리 잡는 노비입니까? 제발 나리께서 사또에게 이 미친 짓을 멈춰 달라고 건의 좀 해 주십시오."

아전들의 불만에 이방이 손사래를 쳤다.

"내가 입이 닳도록 이야기를 했네. 그런데 내 말을 콧구멍으로 듣는지, 도무지 소용이 없어. 쯧쯧."

옆에 있던 아전이 갑자기 기가 막힌 생각이라도 난 듯 나섰다.

"말꼬리에 파리가 천리 간다'라는 속담이 있습니다. 쉬파리가 좋아하는 섞은 고기와 동물의 똥을 동헌 먼 곳에 두어 유인하는 것이 어떻겠습니까?"

이 이야기를 듣고 모두가 환호성을 질렀다. 형방이 젊은 아전들을 진정시켰다.

"모든 쉬파리가 그곳으로 가겠느냐? 분명 정신 나간 쉬파리가(사또처럼) 마지막까지 남아 있을 것이다. 볼기 맞기 싫으면 청소 깨끗이 하고 쉬파리 잡는 일에 집중하거라."

순천부 동헌에서 진풍경이 연출되는 것은 순천부사로 부임한 신임 사또 양경로(梁敬老) 때문이었다. 순천부사로 임명된 다음 날부터 양경로는 쉬파리가 자신의 눈앞에서 '윙윙'거리면 그 즉시 아전들의 볼기를 때렸다.

사정이 이렇다 보니 아전들이 일은 뒤로 미룬 채 쉬파리를 잡기 위해 이리저리 뛰어다녔다. 여름이 다가오면 아전들은 쉬파리 공포에 밤잠을 설쳤다. 이쯤 되자 소동이 문종에게까지 보고되었다.

"사헌장령(司憲掌令) 하위지(河緯地)가 아뢰기를 양경로(梁敬老)가 순천(順天)을 다스릴 때 이속(吏屬) 수십 명(數十名)이 항상 쉬파리[靑蠅]를 때려 쫓게 하였는데, 만약 한 마리라도 눈앞에 나타난다면 문득 이속(吏屬)의 볼기를 쳤으니, 그의 잔포(殘暴)함이 이와 같았다."『문종실록, 1450년 5월 21일』

한여름 쉬파리가 극성일 때 순천부사 양경로는 '갑질'로 쉬파리 떼를 잡는 데 반해, 다산 정약용은 쉬파리를 위한 제문(祭文)을 섰다. 수령이 지켜야 할 지침서인 목민심서를 쓴 정약용은 쉬파리를 다른 각도에서 바라보았다.

'쉬파리를 위한 제문(祭文)'

아! 이 쉬파리들이(嗚呼蒼蠅)

어찌 우리 인간 무리가 아니리오(豈非我類)

너의 생명을 생각하면(念爾之生)

절로 눈물이 주르르 흐르노라(汪然出淚)

이에 음식을 만들어(於是具飯爲殽)

널리 청해와 모이게 하였으니(普請來集)

서로 전하고 알려서(相傳相告)

모여 먹도록 하거라 하고(時嘬是口帀)

이에 다음과 같이 조문한다(乃弔曰)

강진으로 유배 온 다산 정약용은 1810년 여름, 쉬파리 떼가 극성을 부리자 백성들이 쉬파리를 잡는 광경을 목격하였다.

다산은 쉬파리가 번성한 원인을 굶주림과 전염병, 가혹한 세금 징수로 인식하였다. 조문 대상은 쉬파리였지만, 다산은 쉬파리를 굶어 죽은 백성으로 의인화하여 위로하였다. 쉬파리를 위한 제문을 쓴 사람은 정약용이 유일할 것이다.

중국 송나라 시인 구양수(歐陽脩, 1007~1072년)도 쉬파리의 억울함을 글로 남겼다. '파리 목숨'이 된 순천부 아전들을 구양수가 대변해 주는 듯하다.

아마도 아전들은 쉬파리보다 사또 양경로를 파리채로 때려잡고 싶었을 것이다.

'쉬파리를 미워함'

쉬파리야! 쉬파리야!

네가 그렇게 살아가는 것을 나는 슬퍼한다.

벌이나 전갈같이 독 있는 꼬리도 없고,

모기나 등에처럼 날카로운 부리도 없어서,

다행히 사람들이 무서워하지는 않지만,

어찌하여 사람들이 좋아하는 존재가 되지 못하는가?

-이하생략-

양경로의 갑질은 아전뿐 아니라 순천 백성들에게까지 이어졌다. 참다 못한 백성 안극수(安克守)가 양경로의 죄목 17조목을 적어 사헌부에 고발하였다.

백성을 학대한 죄부터 시작하여 뇌물죄도 포함되어 있었다. 조선시대는 수령을 고발할 경우, 수령이 잘못이 있더라도 고발한 자에게 죄를 물었다.

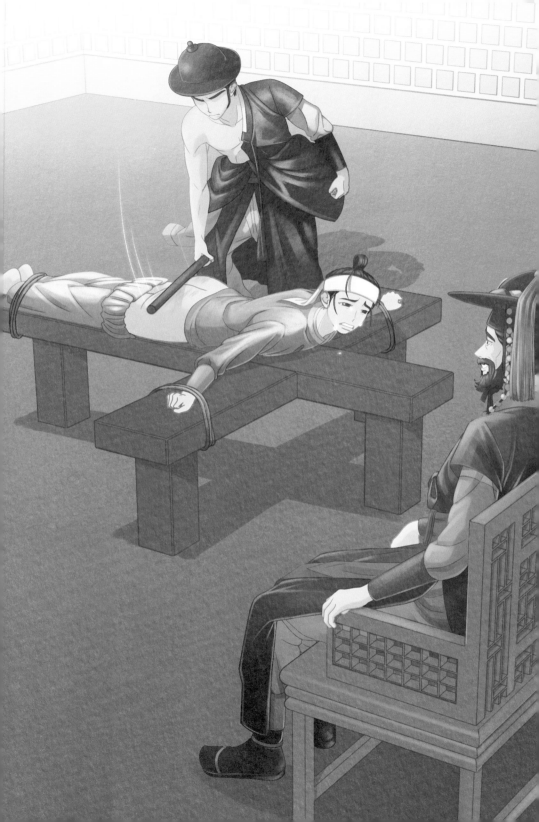

17조목 중 15조목은 안극수 자신과 무관한 일반 백성들의 원통한 사정이라는 이유로 조사하지 않았다. 나머지 두 조목은 안극수에게 무리하게 세금을 징수시키고, 형벌 규정을 무시하고 매를 때린 혐의였다.

사헌부에서 두 조목에 대해서 전라 감사에게 공문을 보내 조사가 진행 중이던 찰나, 양경로가 함경북도 온성부사로 발령이 났다. 양경로는 곧바로 짐을 싸서 온성으로 올라가 버렸다.

양경로를 조사할 수 없게 되자, 전라감영에서 사건을 무혐의로 종결하였다. 그러자 사헌부 장령 하의지(河緯地)가 이의를 제기하고 문종에게 파직을 건의하였다.

"사헌장령(司憲掌令) 하위지(河緯地)가 아뢰기를 의정부에서 '안극수가 고소한 17조목이 어찌 모두 무고이겠습니까?' 하여 파직시켰는데, 얼마 지나지 않아 다시 수령으로 임명하니, 이는 지나치게 가벼이 처리한 듯합니다. 또 함경북도 온성(穩城)은 새로 이사 간 백성이 야인(野人)과 섞여서 거처하는 땅이니, 마땅히 온화한 사람이 어루만지고 다스려야 할 것입니다. 지금 각박(刻薄)한 관리로써 이를 다스리게 하니, 더욱 적당하지 못합니다. 청컨대 양경로의 관직을 환수(還收)하게 하소서." 『문종실록, 1450년 5월 21일』

하위지의 이의제기로 온성부사에서 물러난 양경로는 '포악한' 사또의 대명사로 자리 잡았다. 한편 양경로를 고발한 안극수는 가족과 함께 함경도 변방으로 쫓겨났다. 양경로가 매를 때린 것을 보복하기 위하여 본인과 무관한 15가지 조목을 주워 모아 사또를 고발하였다는 사실이 조사에서 밝혀졌기 때문이다.

온성부사에서 파직된 양경로는 곧바로 평안도 중화군(中和郡) 군수로 자리를 옮겼다. 또다시 사헌부에서 혹독하고 무자비한 양경로는 중화군에 맞지 않는 인물이라면서 자상한 자를 임명해 달라고 건의하였다.

1451년(문종 1년) 1월 16일 조정

"장령(掌令) 나홍서(羅洪緖)가 아뢰기를 중화군사(中和郡事) 양경로(梁敬老)가 일찍이 순천부(順天府)의 수령으로 정치(政治)가 참혹하였고, 또 뇌물죄를 범하여 탄핵당하였는데, 선왕께서 특사하여 죄를 면하고 파출 당하였습니다. 지금 평안도 백성의 폭력성이 더욱 심하니 마땅히 자상한 자를 얻어서 그들을 어루만지고 사랑하여야 하는데, 어찌 무자비한 자를 등용하는 것이 옳겠습니까? 청컨대 고쳐 임명하소서."

"모든 일을 하는데 마음에 평온하지 않은 자는 남의 말로 인하여 반드시 깨달을 수 있다. 양경로는 죄 때문에 파출(罷黜) 당하였는가? 아니면 다른 일로 인한 것인가?"

장령 나홍서가 대답하였다.

"양경로가 파출 당한 것이 어느 죄인지 알지 못합니다. 그러나 뇌물죄를 범하였고, 또 참혹하게 백성들을 다스려 절대 불가(不可)합니다."

즉위한 지 1년 남짓 된 문종은 양경로의 잔인함을 몰랐는지 예상외의 말을 하였다.

"사람마다 어찌 다 허물이 없겠느냐? 양경로의 허물을 나는 걱정할 것이 없다고 생각한다."
"형조(刑曹)에서 아뢰기를 안동부사(安東府使) 양경로의 임무는 군사를 관장하고 백성을 어루만져야 하는데, 함부로 거두었으며, 원망스러운 일을 행하고도 거리낌이 없습니다. 양경로가 저지른 부정한 일을 찾아 신문하였고, 범죄사실에 대한 증언이 명백한데도 전연 승복(承服)하지 않습니다. 청컨대 몸을 구금(拘禁)하여 자백을 받을 수 있도록 고문하게 하여 주소서."
"단지 안동부사직만 파면하여라." 『세조실록, 1468년 2월 18일』

여러 차례 사헌부에서 양경로의 탄핵을 건의하였다. 하지만 그는 든든한 후원자 덕분에 특사로 살아남았다. 이후 세조가 직위하고, 1468년(세조 14년)까지 온갖 갑질을 일삼은 그는 경상도 안동부사로 일하다가 마침내 옷을 벗었다.
순천부사 이후, 20년 이상 이곳저곳 수령으로 일하면서 백성을 가혹하게 다루어 못살게 굴었지만, 그에 따른 벌은 받지 않았다. 그야말로 쇠파리처럼 얍삽하고 끈질긴 인물이었다.

참고문헌

『문종실록(文宗實錄)』

『세조실록(世祖實錄)』

구양수, 『증창승부(憎蒼蠅賦)』

정약용, 『조승문(弔蠅文)』, 1810

조선은 사또의 나라다

벌건 대낮에 자행된 살인
나주목사(羅州牧使) 윤행

  나주 고을 백성 이대기(李大奇)의 동생 이삼함(李三緘)이 보을산(甫乙山, 현 나주시 금성산 자락) 아래에 밭을 경작하면서 그 옆에 조그마한 집을 지었다.
  그러자 나주지역 토호 김언림과 김응란 등이 자신들의 노비를 데리고 나타났다.

"여기에 누구 허락을 받고 집을 지은 것이냐?"
"허락이라니요? 여기는 대대로 내려온 집안 땅입니다. 제 땅에 제가 집을 짓는데 누구 허락을 받는단 말이십니까?"

  이삼함이 황당해 되물었다. 그러자 김언림이 콧방귀를 꼈다.

"흥! 보을산은 공회(公會)를 하는 곳이다. 쓸데없는 소리 말고 당장 집을 거둬라!"

김언림의 명령에 그들이 데려온 노비들이 일사분란하게 움직여 집을 부숴 버렸다. 이들의 억지를 지켜볼 수밖에 없던 이삼함은 허망함과 억울함에 몸서리 쳤다. 동생이 몸져눕자 이대기가 찾아와 버럭 화를 냈다.

"아무리 토호지만 이런 막무가내가 있느냐. 내 이놈들의 패악질을 낱낱이 알리겠다."
"아이고. 형님 그만 두십시오. 무슨 보복을 당할지 모릅니다."

동생의 억울한 사연을 들은 이대기는 이삼함의 만류에도 불구하고 나주 읍내와 성문 밖에 김언림과 김응란 등 나주지역 토호들의 죄를 고발하는 목패(木牌)를 곳곳에 세웠다.
목패의 위력은 나주지역 사회를 순식간에 동요시켰다. 김언림과 토호들의 비리에 말 한마디 못하고 수군거렸던 터라, 이대기의 행동은 장안의 화제가 되었다.

당시 목패에 글을 쓰는 행위는 중국 삼국시대부터 유래되었다. 정치에 대하여 비방하는 글을 목패(木牌)에 써서 설치하는 '비방지목(誹謗之木)'은 백성들과 소통하기 위함이었다. 황제가 자기의 과실에 대해 다른 사람들에게 들을 기회로도 삼았다.

"김언림과 토호들이 품관의 지위를 이용하여 백성들을 괴롭히고 있다.

조선은 사또의 나라다

각종 이권에 개입하는 일을 멈추어라."

이 사건은 사람들의 입에 오르내렸고 김언림과 토호들의 비리는 어느
새 눈덩이처럼 부풀려졌다. 지위가 위태롭게 되자 토호들의 자치기구였
던 유향소에서 긴급회의가 열리고 곧바로 오동리(나주시 다시면 신광리
마을)에 사는 이대기가 유향소로 잡혀 왔다.

이대기는 지역 토호들의 추악한 행동을 목패에 적나라하게 적어 나주
목사와 임금에게 전달하고자 하였다. 그러나 어찌 된 영문인지 나주목
사 윤행(尹行)은 별다른 관심을 보이지 않았다.

인민재판보다 더한 즉결심판이 유향소 앞마당에서 열렸다. 각 지역 유
향소에는 자체적으로 형벌을 집행할 수 있는 형틀과 감옥이 갖추어져
있었다.

법적 절차에 따라 형이 집행되어야 했지만 수령과 토호들 간에 권력 암
투가 심했던 지역은 토호들이 유향소 규정과 관습법에 따라 자체 처벌
을 하였다.

유향소에 끌려온 이대기는 토호들의 협박과 위협에도 뜻을 굽히지 않
았다.

"니놈의 목패가 거짓이었다고 당장 실토하여라!"
"목패에 적힌 것은 모두 사실이오!"

토호들의 얼굴이 한낱 평민의 일갈에 화로 일그러졌다.

"저놈을 당장 형틀에 묶어라."

"내가 무슨 죄가 있는데 형틀에 묶는단 말이요? 관아로 가서 사또 앞에서 시시비비를 가리는 게 우선 아니오?"

"네놈이 허위사실을 퍼뜨려 놓고 잘못이 없다는 것이냐?"

"흥! 나주 고을 백성들이 다 아는 사실이 허위? 지나가는 개에게 물어보시오? 개가 짖을 일이오."

폐부 깊숙이 찌르는 이대기의 거침없는 말에 김언림과 김응란이 흥분하였다.

"당장 묶어 죽을 때까지 곤장을 쳐라."

노비 60여 명이 저항하는 이대기를 형틀에 묶었고 돌아가면서 곤장을 때렸다. 만신창이가 된 이대기는 계속되는 매질에도 이를 악물고 버텼다.

"네놈들이 아전을 채용하면서 뒷돈을 받은 사실을 모를 줄 아느냐?"

"저놈의 입에 재갈을 물려라!"

계속되는 저항에 이대기는 곤장 60여 대를 맞았다. 곤장 60대를 제대로 맞으면 웬만한 사람은 장독(杖毒)이 올라 죽을 수도 있었다. 장(杖) 60대의 형벌은 사또와 같은 관리가 기생을 범했을 때 처해지는 엄한 법이었다.

신체 건강했던 이대기는 호된 매질에도 뜻을 굽히지 않았다.

화가 풀리지 않은 토호들이 이대기의 두 손을 등 뒤로 묶어 사람들이 모여 있는 나주 읍내로 끌고 다녔다. 나주사람들이 보는 앞에서 자신들에게 저항하면 이대기처럼 된다는 것을 알리기 위한 암묵적인 위협이었다. 그러나 이대기는 그렇게 맞고도 두 눈을 부릅뜨며 토호들을 향하여 악담을 쏟아 냈다.

"너희들 죄악은 씻기 어려울 것이다."

이 광경을 지켜보던 사람들이 오히려 이대기를 안쓰러워하며 토호들을 향해 비난의 목소리를 쏟아 냈으나, 토호(土豪)들은 아랑곳하지 않았다.

오히려 자신들의 노비를 시켜 이대기를 읍내 한가운데서 즉결심판하였다. 노비 60여 명이 이대기를 둘러쌌다.

"거짓말로 지역을 혼란에 빠뜨리는 자를 어떻게 해야 합니까?"

김언림이 외치자 서로 입을 맞추었는지 옆에 있던 노비가 말이 끝나기도 전에 큰 소리로 말하였다. 다른 노비들도 일제히 동조하였다.

"두 번 다시 거짓말을 못 하게 더러운 입에 똥, 오줌물을 넣어야 한다."
"저놈의 얼굴에 재를 바르자."
"진흙으로 얼굴을 덮어 이대기가 거짓말쟁이라는 것을 세상에 알려야 한다."

수백 명 모인 큰 사거리에서 노비들이 이대기의 얼굴에 진흙을 바르며 마구잡이로 구타하였다. 곤장을 맞아 몸이 쇠약해진 이대기는 구타를 견디지 못하고 정신을 잃었다.

"일어나거라 이놈아. 어디 악을 써 보거라!"
"아까처럼 대들어 보거라!"
"퉤! 어디서 거짓말이냐!"
"에헤이! 개만도 못 한 사기꾼 놈에게 오줌이나 갈겨야겠다."

이대기의 얼굴에 재와 진흙을 바른 노비들이 돌아가면서 침을 뱉는 것은 기본이고 오물을 뿌리고 욕을 한 후 발길질과 몽둥이질이 이어졌다.
토호들의 비리와 폐단을 고발한 평범한 나주 백성 이대기는 무더운 여름날 벌건 대낮에 모두가 지켜보는 앞에서 공개 살해되었다.
그러나 여기서 그치지 않고 이대기가 죽은 후에도 토호들의 분풀이는 이어졌다. 이대기의 시신을 영산강에 버린 것이다. 시신을 수습한 이대기 아비 이의(李懿)가 원통함을 나주목 관아에 호소하였으나 돌아오는 답변이 없었다.

___

침묵한 나주목사(羅州牧使) 윤행

여러 달이 지났지만, 나주목 관아에서는 조사를 뒷전으로 미루고 모른 채로 일관하였다. 답답했던 이대기의 가족들이 직접 의금부(義禁府)에 고발장을 접수하려 하자 나주목사 윤행(尹行)과 판관 최제운(崔霽雲, 전무장현감)이 '왈짜'들을 시켜 고발을 못 하게 막았다. 하지만 형의 분통한 죽음을 풀어 주기 위한 동생 이삼함의 노력 끝에 마침내 의금부에 고발장이 접수되었다.

그럼에도 불구하고 나주목 관아에서는 김응란과 토호 등이 도망갈 시간을 벌어 주기 위하여 조사를 계속 뒤로 미루었다. 거동이 불편한 김언림만 붙잡혔다.

오히려 이대기가 살던 오동마을 사람들을 관아로 불러 피의자로 몰아세웠다.

"니놈들이 작당을 하고 거짓 목패를 만든 것이 아니더냐!"
"아이고! 사또 저희들은 모르는 일이옵니다."
"실토할 때까지 저놈들을 옥에 가두어라."

'조직적으로 목패를 만든 죄'로 처벌하려는 낌새가 보이자 백성들이 짐을 싸고 야반도주하였다. 하루아침에 100가구가 넘었던 한 마을이 텅 비었다. 이 사실이 전라도 관찰사 박충원(朴忠元)에게 보고되었고 조용히 덮으려 했던 '나주 읍내 사거리 대낮 살인사건'이 전국적인 쟁점이 되었다.

―――
1561년(명종 16년) 7월 24일 명종의 전교

"근래에 인심이 포악하고 풍속이 각박하다. 죽은 자는 다시 살릴 수 없고 잘린 것은 다시 이을 수 없으니 사람의 목숨은 아주 소중한 것이다. 때문에 비록 큰 죄를 지은 자라고 하더라도 국가에서는 반드시 삼복(三覆)을 거친 뒤에 죄를 결정한다. 그런데 지금 사람 죽이기를 닭이나 개 죽이듯 하고 강상의 변고가 잇달아 발생하고 있다. 이것은 교화가 밝지 못한 탓이지만 내가 이 계본을 보고 놀랍고 개탄스러운 마음을 금할 수 없다.

　사나운 품관(品官, 토호)들이 백성을 침해하고 멋대로 권세를 부려 폐단을 일으키는 것은 예로부터 있는 일인데 나라에서 억제하지 못하고 사람을 죽이는 변고까지 생기게 하였으니 나라에 기강이 있다고 할 수가 있겠는가? 이 계본에 살인자 중에 도망한 자도 있다고 하였으니, 매우 놀라운 일이다. 강명(剛明)하고 이름 있는 문관을 경차관으로 삼아 속히 내려보내어 세밀하게 추고하도록 하라. 아직 잡지 못한 자는 다방면으로 조처하여 빠른 시일 안에 붙잡도록 하되 잡지 못하면 감사를 추고하고 수령 및 도장(都將)·색리(色吏)를 별도로 엄하게 다스릴 것으로 명백하게 사목(事目)을 만들어 경차관에게 주라."

　명종은 사람 죽이기를 '닭이나 개 죽이듯' 한 나주 토호들을 하루빨리 잡아들이라고 사헌부에 직접 지시하였다. 죽을죄에 해당하는 죄인이라도 세 번의 재판을 받아야 한다는 점을 강조하였다.

　1047년(고려 문종 원년)부터 실시된 3심제도는 1심을 초복(初覆), 2심을 재복(再覆), 3심을 삼복(三覆)이라고 하였다.

"나주(羅州)에 사는 이대기(李大奇)의 아우 이삼함(李三緘)이 보을산(甫乙山) 아래에 밭이 있어 그 옆에 집을 지었는데, 토호들이 '보을산은 공회(公會)하는 곳이다' 하고는 철거하였습니다. 이대기 등이 매우 분노하여 토호들의 추악한 일을 목패(木牌)에 적어 길거리에 세워 놓았습니다. 그러자 토호들 20여 명이 한곳에 모여 이대기를 붙잡아다가 놓고 곤장 60대를 치는 등 뒤로 두 손을 묶어 사방 마을로 끌고 다녔는데, 이대기는 큰 소리로 '너희들 죄악은 씻기 어렵다'라는 등의 말을 하였습니다. 이에 김응란(金應蘭)·김언림(金彥霖) 등이 노비 60여 명을 거느리고 이대기의 집을 세 겹으로 포위한 뒤 이대기를 끌어내어, 얼굴에 재를 바르고 마구 때려죽여서는 물속에 던져 버렸습니다. 그 아비 이의(李懿)가 원통함을 고을에 호소하였는데, 김응란 등은 모두 도망하고 오직 김언림만 붙잡혔습니다."『명종실록, 1561년 7월 24일 전라도 관찰사 박충원의 계목(啓目)』

"나주의 살인사건은 보통의 살인사건에 비할 바가 아닙니다. 유향소 명령을 내려 대중을 동요하고 위세를 부리며 사거리에서 대낮에 멋대로 살육하였습니다. 이처럼 국가의 법을 두려워하지 않고 참혹한 짓을 멋대로 자행한 사건은 일찍이 없었던 변고입니다. 나주목사 윤행은 마땅히 두려운 마음으로 즉시 붙잡아 법망에서 벗어나지 못하게 하여 왕법(王法)을 분명히 보였어야 옳은데, 여러 달을 지연시키면서 모른 체하였습니다. 심지어는 흉악한 자들을 시켜 죽은 자의 친척을 막아 발장(發狀, 고소·고발)하지 못하게 하였습니다. 고발되었음에도 마음을 쓰지 않아 붙잡을 기회를 잃어 범인들이 모두 도망하게 되었습니다. 뿐만 아니라 전혀 관련되지 않은 사람들도 모두 달아나 한 마을이 텅 비게 되었으니, 이는 모두 조치를 잘하지 못하여 악인을 방치해서 해를 끼친 죄에서 말미암은 것입니다. 목사 윤행(尹行)과 판관 최제운(崔霽雲)을 아울러 파직하소서."『명종실록, 1561년 7월 26일』

이틀 후 사헌부에서 나주목사 윤행과 판관 최제운에 대한 파직을 요청하자 명종이 수락하였다. 부임한 지 1년 만에 둘은 파직되었다.

윤행이 나주목사로 제수될 때 사관이 다음과 같은 인물평을 내놓았다.

"인물이 용렬하고 비루하여 해주 목사(海州牧使)로 있을 때 윤원형을 잘 섬기고 그를 위해 바다에 제방을 쌓고 크게 개간을 하여 해마다 종자를 공급하였다. 또 이웃 가까운 곳에 사는 백성들을 시켜 봄에 갈고 가을에 거둬들이게 하였으므로 서해(西海)의 백성들이 아직도 원망하고 욕한다. 그런데 갑자기 당상에 승직 되었으니 이는 그 일 때문이 아니라고 할 수 없다."『명종실록, 1560년 7월 7일』

전라도 관찰사와 추고 경차관의 지휘 아래 도망간 토호들은 1년 안에 모두 잡혔고, 이들 중 적극 가담자 10여 명은 참형에 처해졌다.

나라의 3심제도를 무시하고, 자치기구인 유향소에서 사심을 앞세워 즉결심판하는 관례를 뿌리 뽑기 위한 명종의 강력한 의지가 엿보이는 대목이다. 이때만 하더라도 지역사회를 좌지우지했던 토호들은 법을 무시하고 관습법에 따라 즉결처분하는 일이 많았다.

주인이 시키는 대로 이대기 입에 오물을 넣고 구타한 노비들은 교수형에 처해졌다.

같은 고을 사람들이자 관리들이 극형에 처해졌지만 나주 백성 누구도 슬퍼하지 않았다.

이 사건은 명종이 죽은 후에도 선조 4년까지 10년 동안 3심 재판이 이어졌으며 토호 10여 명과 노비 10여 명이 참형 또는 교수형에 처했다.

'나주 읍내 사거리 대낮 살인사건'은 조선 중기 3심제도의 시작을 알리면서 관습법에 따라 멋대로 토호들이 처벌하는 관례를 사라지게 하는 계기가 되었다.

그러나 이 사건으로 파직된 윤행은 실세 윤형원이 뒤를 봐준 덕에 10년 후 1571년(선조 4) 8월 광주목사(光州牧使)에 임명 되었고 임기를 마친 뒤에는 고향 해남(海南)으로 돌아갔다.

참고문헌

『명종실록(明宗實錄)』

『선조실록(宣祖實錄)』

『국조방목(國朝榜目)』

「무장(茂長) 현감 명단」 조선 시대

조선은 사또의 나라다

3장

새빨간 단풍에 취해

조선 적벽의 아름다움
화순동복현감(和順同福縣監) 조경망

'적벽'은 중국 후한 말 208년, 조조와 손권, 유비 연합군 사이에 '적벽대전'이 벌어진 곳이다. 조선 시대 동복현(현재 화순군) 적벽은 중국 적벽보다 그 규모는 작지만 비경이 견줄 만하였다.

돌의 색깔이 모두 붉어 '석벽'이라고 불려오던 것을 귀양 온 최산두(崔山斗, 1483~1536)가 중국의 적벽에 버금간다고 하여 '적벽'으로 바꾸었다. 현재 전남 화순군(和順郡) 이서면(二西面) 창랑천(滄浪川) 일대의 절벽을 말한다.

광주목사로 새롭게 부임한 이민서는 이번 기회에 동복 적벽의 아름다운 경치를 보고 싶었다. 그때 마침 죽마고우 조경망이 동복 현감으로 일하고 있었다. 동복 '적벽'의 경치를 소식의 『후적벽부(後赤壁賦)』를 인용하여 시를 지어 동복 현감 조운로에게 보냈다.

久聞同福赤壁頗有勝槩 無由致身其間
以續坡仙之遊 漫吟一絶寄興 仍奉雲老使君要和
오래전부터 화순의 동복에 위치한 적벽의 아름다운 경치가 대단하다는 말을 듣고도 직접 찾아가 소동파의 놀이를 이어갈 길이 없으므로, 장난삼아 절구 한 수를 지어 흥을 붙여보다가 동복 운로(조경망의 호) 사또에게 보내 화답을 구하다.

水落山高赤壁秋	물이 줄어 산 높아진 적벽의 가을이여
福川何似舊黃州	동복천 어이하여 옛날 황주 닮았는가
騷人不及橫江鶴	시인은 강을 가로지르는 학 쫓아
飛度臨皐十月舟	임고정 시월 배로 날아 건너지 못하네

동복 사또 조운로(雲老)는 조경망(趙景望, 1629~1694)의 자이다. 1677년(숙종 3년) 6월 22일, 동복 현감(同福縣監)에 임명되었다. 1689년(숙종 15년) 기사환국으로 노론 일파가 몰락하게 되자 관직을 버리고 파주에 은거한 후 학문연구에만 몰두하였다.

이민서는 친구 조경망에게 시를 보내어 지난날을 그리워하기도 하였다.

同福趙使君雲老 景望 來訪 有詩追寄 次韻以謝
동복 사또 조운로 경망이 찾아왔다가
시를 지어 뒷날 보내 주었기에 차운해서 감사드리다.

握手仍忉悵	손을 잡고 기쁘면서도 슬프기에
歸驂不可留	돌아가는 말을 붙들지 못 했네요
俱屬異鄕客	둘 다 객지의 나그네 신세라서
更覺此生浮	다시금 이 삶이 덧없다고 깨닫는데

旅雁傳秋信	나르는 기러기는 가을 소식 전하고
寒蟲弔別愁	추위 속 벌레들이 이별 시름 달래네요
華山千里夢	화산은 천리 밖의 꿈길이니
今夜共悠悠	오늘밤 우리에겐 아득키만 하지요

동복현감 조운로와 광주목사 이민서는 송시열의 제자로 서울에 있을 때 자주 만났던 절친이었다. 남인이 집권하자 이들은 과거 서인 집권 시절을 그리워하고 있다. '화산'은 서울 북한산을 가리킨다.

둘은 가족끼리도 왕래가 있을 정도로 사이가 가까웠다. 한날은 조경망의 아들 조정만(趙正萬, 1656~1739)이 아버지를 따라 화순 동복현으로 내려왔다.

마침 친구를 만나기 위해 동복현을 방문했던 이민서는 어린 조정만에게 '배움에 힘쓰라'는 시를 지어 주었다. 이날 만남과 가르침은 훗날 조정만에게 많은 영향을 주게 된다.

口占贈趙正萬 以寓勉學之意
입으로 불러 조정만에게 주며 배움에 힘쓰라는 뜻을 담다.

赤壁秋堪賞	적벽은 가을이라 노닐 만하고
仙樓夜可憑	협선루는 밤중에 오를 만하겠지만
何如竹裏館	어찌 같을 쏘냐 대 숲속 집에서
靜對讀書燈	고요히 책 읽으며 등불 마주함과

시에 등장하는 협선루(挾仙樓)는 화순군 동복면 독상리에 있었다는 누각으로 현재는 남아 있지 않지만 현감 김부륜(金富倫)이 지었다고 알려져 있다. 많은 시인 묵객들의 글이 남아 있었다 하나 지금은 기록으로만 전한다.

이날 이민서의 가르침을 가슴속에 새겨서인지, 조정만은 광주목사와 나주, 능주, 성주목사로 일하면서 고을을 잘 다스린 지방관으로 평가되고 있다. 아버지 조운로의 대를 이어 조정만은 화순 능주목사로 1714년 11월 18일 부임하여 1717년 4월에 사임하였다.

이민서와 조경망은 대를 이어 친분을 이어갔다. 1714년(숙종40) 11월, 능주 목사(綾州牧使)에 제수되어 부임지로 떠나는 조정만에게 이민서의 둘째 아들 이건명이 시를 지어 보냈다. 이건명은 아버지가 이루지 못한 정승, 좌의정을 지냈으며 대제학과 홍문관 부제학을 지냈다.

別綾州使君趙定而

능주 사또 조정만과 이별하다.

武錦曾恢刃	무금에서 일찍이 능숙한 역량 발휘했으니
綾城在下風	능주는 그 영향 아래에 있다네
民謠徵舊政	민요로 예전의 훌륭했던 정사를 증험하고
詩料驗新功	시의 소재는 새로운 공적을 검증하리라
驛路梅爭柳	역로엔 매화와 버들이 봄빛을 발산하고
官居竹映桐	관사는 대나무가 오동나무를 비치리니
優閑眞得計	편안하고 한가함이 실로 좋은 계책이라

조선은 사또의 나라다

| 忝竊愧吾躬 | 과분하게 벼슬하는 이 몸이 부끄럽구려 |

'무금(武錦)에서~발휘했으니' 구절의 '무금'은 광산(光山)의 옛 명칭인 '무주(武州)'와 나주(羅州)의 옛 명칭 '금성(錦城)'의 앞자리를 합한 것이다. 조정만은 1707년(숙종33)에 광산 현감(光山縣監)에 임명되었다가 그해 12월 목(牧)으로 승격됨에 따라, 광주 목사(光州牧使)에 제수되었고 1710년에는 나주 목사(羅州牧使)에 제수되었다.

광주, 나주, 능주목사 조정만

친구 아들에게 '배움'에 힘쓰라면서 시까지 지어 준 광주목사 이민서의 가르침은 효과가 있었을까? 동복 적벽에서 즐겁게 놀던 어린 조정만에게 '등불 앞에서 고요히 책을 읽으라'는 가르침은 많은 영향을 주었다. 이민서의 둘째 아들 이건명과 가깝게 지냈던 조정만은 1707년 광주목사로 제수되었고, 이후 능주목사로 일하면서 선정을 베풀었다. 그러나 나주목사로 부임하면서 다소 흐트러진 모습을 보였다.

1720년(경종 1년), 나주목사로 일할 때(당시 45세), 장인(匠人)에게 장포 1필을 더 받아 관아 곳간에 베가 넘쳐 났다. 베 1포 현재의 가치는 6만 5,000원 정도이다. 여기에다 산세미포(山稅米布)라는 명목으로 1필을 더 걷었다. 기존 한 포는 어떻게든 감당할 수 있었던 백성들에게 두 포는 역부족이었다. 때문에 백성의 가정 살림이 이만저만 어려운 게 아니었다.

광주목, 나주목, 능주목, 남평현, 화순현, 장흥부 등 여섯 고을에서 수령과 향리가 백성들의 고혈을 짜내고 있었다. 참다못한 이 지역 백성들이 비변사와 전라감영에 탄원서를 보내 1필씩 더 받는 폐단을 없애 달라고 호소하였다.

소식을 전해 들은 조정에서 여섯 고을의 향리들을 엄하게 다스리게 한 후, 법조문을 만들어 다른 고을의 규례대로 1필씩만 받도록 지시하였다. 나주를 제외한 다섯 고을은 곧바로 지시에 따랐다. 나주목은 처음에는 따른 척하다, 얼마 지나지 않아 예전처럼 2필을 더 걷어 들였다. 이 소문이 이웃 고을로 퍼지자 화순, 능주목 등 나머지 다섯 고을이 다시 장포를 1~2필씩 더 징수하였다.

가혹한 세금은 야밤의 호랑이보다 무서웠다. 백성들이 하나둘 야반도주하기 시작하였다. 고스란히 그 피해는 이웃과 친척으로 미치게 되었고, 앞다퉈 봇짐을 지고 경기도와 충청도로 이주하는 백성이 늘어났다. 문제의 심각성이 커지자 사헌부에서 경종에게 폐단을 보고하였다.

"장포를 함부로 더 받는 것이 사라지면 남녘 백성들이 거꾸로 매달린 듯한 다급함을 구제할 수 있을 것입니다."
"지금 이후로 만약 이 규정을 어기는 곳이 있으면 해당 수령을 논죄하라."

전라도 백성의 삶이 죽기 일보 직전이라고 헌납(獻納) 심준(沈俊)이 경종에게 보고하였다. 경종은 곧바로 이 폐단을 없애라고 전라 감사에게 지시하였다.

나주와 광주, 화순, 능주 등 6곳 고을은 100년 전부터 수목이 우거진 곳에 장인들의 공장(工匠)이 들어와 관아에서 산세포를 산세미라 일컫고 세금을 받았다. 관례라는 명목하에 받은 세금이 백성의 삶을 구렁텅이에 빠뜨린단 걸 뒤늦게 깨달은 조정만은 이후 선정을 베풀었다.

"1715년 백성을 구휼하여 선정비를 세우니, 아랫사람 부림이 간편하고 덕이 지위와 함께 높으니 오래도록 그 공을 생각하며 백성이 능히 잊지 못하네." 〈나주목사 조정만 선정비(善政碑)〉

나주목사로 부임한 조정만은 나주향교 옆에 교육기관인 양사재를 건립하여 인재양성에 앞장서 나주 백성들에게 신망을 받았다. 이후 조정만은 한성판윤과 형조, 공조판서로 승진하였으며, 효성이 지극한 인물이기도 했다.

조운로와 조정만 부자는 화순과 나주, 광주와 인연이 깊다. 광주목사 이민서와 친구였던 조운로는 동복현감으로 2년간 일하였으며, 아들 조정만은 2년 6개월 동안 능주(화순군 능주면)목사로 재직하였다. 화순으로 내려와 백성들을 다스린 유일한 부자(父子)이다.

참고문헌

『숙종실록(肅宗實錄)』

『숙종실록보궐정오(肅宗實錄補闕正誤)』

『경종실록(景宗實錄)』

『국조인물고(國朝人物考)』

이민서, 『서하집(西河集)』

조선은 사또의 나라다

선정의 사또인가? 광인(狂人)인가?
광주목사(光州牧使) 이민서

광주목사로 부임하기 10년 전, 나주목에서 일했던 그는 광주를 오고 가면서 향리와 광주지역 품관들과 교류가 있었다. 그때 이민서는 힘들기로 소문난 나주목을 잘 다스린다는 평가가 광주목에까지 퍼졌다.

당시 나주목 관할은 신안, 무안, 목포 섬 지역까지, 넓은 지역으로 전라도에서 업무가 가장 많은 곳이었다. 특히 지역 토호의 텃세가 심했으며, 주민들 또한 억세어서 소송 문서가 산처럼 쌓여 있었다. 그러나 이민서는 전임 목사들과 달리 자신의 씀씀이를 줄이고, 백성들부터 챙겨 나갔다. 부역을 줄여 주었고, 수시로 주민들과 이런저런 이야기를 나누고 어려움을 함께 해결하였다. 그렇다 보니 그 많던 송사가 물 흐르듯 처리되어 항상 시끌벅적했던 나주목에 평화가 찾아왔다.

나주 목사로 일하던 1668년 9월.

나주와 광주, 담양, 장성 등에 가뭄이 극심하게 들어 백성들이 길거리에 나앉았다.

그는 광주목사 윤변, 장성부사 소두산과 함께 현종에게 '농사가 결딴이 났다'는 내용을 보고하였다.

그리고 발 빠르게 이웃 고을과 협력하여 '재난을 극복할 수 있게끔 조세를 면제해 달라'는 상소를 올려 호조에서 시행하게 하였다.

백성을 위하는 마음이 누구보다 앞섰던 이민서는 나주목사로 지내면서 인근 광주, 화순, 장성, 담양 현감 등과 교류를 하면서 중앙의 지원을 끌어냈다.

당시 4색 분당으로 조정이 갈가리 나뉘었지만, 그는 중앙 인맥뿐 아니라 인근 수령들과도 두루 친분을 가졌다.

이민서의 대단한 점은 또 있다. 그는 1667년 35세의 혈기 왕성한 나이에 나주목사로 부임하여 나주 부속 도서 40여 개의 섬을 찾아 나섰다.

물길이 사납고 뱃길이 멀어서 그 이전에 부임한 목사 중 누구도 섬을 간 적이 없었다. 현대에도 접근이 쉽지 않은 수많은 섬들을 이민서는 직접 찾아다녔다. 관아가 있는지도 몰랐던 섬사람들은 나주목사의 방문을 신기해하면서 그동안 겪었던 이런저런 폐단을 하소연하였다.

주민들의 고통을 듣고 어려운 민원을 그 자리에서 해결하자 섬사람들은 기뻐하며 감격하였다.

바다를 순시하다가 주문도에서 머물며

捨舟尋小島 배 띄워 작은 섬 찾아 들어

榛逕歷高低 울퉁불퉁한 개암나무 길을 지났네

古井荒山下 황량한 산 밑에는 옛 우물 있고

조선은 사또의 나라다

茅茨喬木西	큰 나무 서편에는 띠풀집 있네
畝鍾誇土美	밭이 모여 좋은 토질 자랑하고
地僻類巖棲	땅이 외져 은거지 같네
宿昔乘桴志	일찍부터 뗏목 타려던 뜻 품었기에
臨風意更悽	바람 맞으며 마음 더욱 처량해지네

나주목 부속 도서를 순시하다 '주문도'에서 지은 시다. '주문도'는 신안 먼바다 섬으로 추정된다. '일찍부터 뗏목 타려던 뜻' 구절은 세상을 버리고 은거하려는 뜻을 품었다는 말이다. 공자의 "도가 실행되지 않기에 뗏목을 타고 바다로 나가려 하니, 나를 따라오는 자는 아마 자로일 것이다."라는 구절을 인용하였다.

시와 글, 그리고 술을 좋아했던 그는 젊은 나이에 세상살이에 지친 모습을 내비쳤다. 20살에 벼슬을 시작한 그는 15년간 중앙의 요직에서 일하다 처음으로 외직인 나주목사로 나왔다.

이민서는 나주목사를 마치고 3년 후, 그동안 힘들었던 벼슬살이에 염증을 느낀 듯 홍문관 부응교로 올라가서 극단적인 선택을 시도한다.

1668년 9월, 업무에 시달리던 그는 홍문관에서 숙직할 때 술을 과하게 마시고 자살을 시도하였다. 자신의 목을 칼로 찌른 것이다. 이 사건으로 파직된 이민서는 8개월 만에 다시 경기도 고양 군수로 복직한 후 예조참의로 복귀하였다. 자살을 시도한 그를 두고 광인(狂人)이라고 수군거렸지만, 업무능력이 탁월하여 요직으로 다시 불러들였다. 이후 어머니 삼년상을 마치고 1677년 1월 22일 광주 목사로 부임하게 된다.

何暮堂次壁上韻

'하모당'에서 벽에 걸린 시를 차운하다.

南來幸及杏花初	남쪽으로 올 제 다행히 살구꽃 막 필 무렵
前後悲歡歎不如	전후로 슬피 보니 예전만 못해 탄식하네
頭上光陰元儵忽	머리 위의 세월은 원래 급하고
世間榮辱有乘除	세간의 영욕은 부침이 있네
詩書末路知無用	시서도 말로엔 쓸모없음을 알겠거니
懷抱何時得自舒	회포를 언제쯤 펼 수 있을까
愧乏淮陽清淨化	회양의 맑은 교화 없어 부끄러우니
終朝臥對雨疏疏	아침 내내 누워 가랑비 마주하노라

이민서가 광주 목사(羅州牧使)로 부임한 1677년(숙종 3년) 무렵에 지은 시이다.

모친상(喪)을 당하여 3년여 묘살이를 끝내고 살구꽃이 막 피는 음력 1월 22일에 광주목사로 부임하였다. 나주 목사로 일하면서 광주목을 여러 차례 방문했던 이민서는 이 시를 통하여 현재 광주목의 경제적, 사회적, 지역 여건이 예전보다 못하다고 안타까워하였다.

광주목사로 부임하자마자 그는 많은 일을 추진하였다. 광주의 향리와 지역 품관들이 일사불란하게 이민서의 지시에 따랐다. 부임 초기, 주도권을 잡기 위해 향리, 품관, 수령이 서로 신경전을 벌이는데 광주목은 그렇지 않았다. 나주목을 훌륭히 다스렸던 그의 이력을 모두 인정했던 것이다.

광주 목사에 부임한 그는 동헌 '하모당'에서 세월의 빠름을 실감하며 지난날을 떠올렸다. 그에 대한 다양한 평가에서 알 수 있듯 이민서의 인생은 영욕과 부침을 거듭하였다. 45세에 지은 이 시에서 그는 삶의 끝자락을 부여잡고 있는 사람 같아 보인다.

'회양(淮陽)의 맑은 교화 없이 부끄러우니' 구절은 지방관으로 일하면서 치적이 없어 부끄럽다는 말이다. 마지막 구절에 '누워 가랑비 마주하노라'라는 대목은 중국 '한무제(漢武帝)'의 일화에서 가져왔다. 한무제 때 동해태수(東海太守) '급암(汲黯)'이 병이 위독하여 누워서 다스렸다. 그런데도 동해가 크게 안정되었다. 그 후 한무제가 회양태수(淮陽太守)로 임명하자, 급암이 극구 사양하였다. 그러자 한무제는 "누워서 다스리면 될 것이다[吾徒得君之重, 臥而治之]."라고 설득하여 부임하게 하였다. 병중에 누워서 동해를 안정시킨 급암을 본받아 광주목을 잘 다스리겠다는 신임 사또 이민서의 의지가 묻어난다.

홍명원(洪命元, 1573~1623)의 『하모당기(何暮堂記)』에 '하모당'은 광주목(光州牧) 관아의 동헌(東軒)으로, 객사(客舍)의 동쪽에 있다고 기록하고 있다. 동원은 수령(守令)이 일하는 집무실이고, 객사는 중앙에서 내려온 관료가 묵던 숙소이다.

『하모당기』에서 홍명원은 하모당의 전경과 내부를 사실적으로 묘사하면서 '하모당'의 의미를 담았다.

"매화 창가에 아침잠이 달콤하고, 맑은 대자리는 낮에 바둑이 어울린다. 거리의 회나무에 낙엽이 지면 먼 산이 모습을 드러낸다. 산설(山雪)이 사나울 제 아랫목에서 추위를 물리칠 때면 태수도 그 늦었음을 탄식할 것이다. 이것이 '하모당'이란 이름을 얻고 이름과 실제가 서로 부합하는 이유이다."『하모당기(何暮堂記)』

雪夜醉起步月

눈 내린 밤에 술에 취해 일어나 달빛 아래를 걷다.

客去閉柴門	나그네 떠나 사립문 닫자
風篁響飛雪	바람 부는 대밭에 눈 내리는 소리
中宵酒初醒	한밤중 술 비로소 깨어
散步空庭月	빈 뜰의 달빛 아래 거니노라

別潭陽洪使君 得禹

담양 홍사또 득우와 이별하다.

放逐南荒爾我同	남방으로 내쫓긴 건 그대랑 나랑 똑같으나
庬今羨勝三公	외직 이제 삼공보다 낫다고 부러워한다오
遙知鈴閣閒無事	관아 한가해서 일 없음 멀리서도 알겠으니
秋月山光落座中	추월산의 빛이 좌중에 떨어지리

최고의 문장가이자 시인답게 이민서는 수려한 시를 많이 남겼다. 위에

서 그는 자연을 있는 그대로 묘사하면서, 마치 화가의 시점으로 부드럽고 낭만적인 한 폭의 풍경화를 그리고 있는 듯하다.

45세에 광주목사로 내려온 그는 '삼공' 정승보다 낫다고 자조하고 있다. 추월산은 전남 담양군 북쪽에 있는 산이다.

담양 사또 홍득우는 1683년 담양부사로 부임하여 심한 흉년으로 기근에 시달리는 백성을 잘 구휼하여 그 공으로 첨지중추부사에 올랐다. 1700년에 강원도 관찰사에 임명되었으나 부임하기 전에 죽었다. 스승 송준길의 무고를 벗기려 일생 힘썼고, 수령의 직임을 맡아서는 가는 곳마다 선정을 베풀었다.

次光山李使君彝仲用臨瀛伯李弼卿寄贈之韻
광산 사또 이민서가 강릉 부사 이필경이 부친 시를 다시 차운하다.

羈蹤一落海南陬　　유배객 자취 남해 귀퉁이 한번 떨어지더니
栗里田園任廢疇　　율리의 전원 묵히도록 버려두었네
坡老功名眞似夢　　동파 노인의 공명도 참으로 꿈같으니
楚鄕詞賦摠悲秋　　초나라의 사부 모두 가을을 슬퍼했지
風波路險知難盡　　풍파에 험한 길 다 가기 어려움 알겠고
天地恩深愧未酬　　천지의 깊은 은혜 갚지 못해 부끄럽네
唯喜月山隣瑞石　　오직 기쁜 것은 월출산과 서석산 이웃해서
歲寒相對慰窮愁　　세한에도 마주하며 궁한 시름 달램이라

이 시에서 이민서는 광주목사로 내려오는 것을 유배로 인식하고 있다.

　　　　　　　　조선은 사또의 나라다

'유배를 와서 일하고 있다'라고 자주 푸념하지만, 말미에는 어려움을 극복해서 고을을 잘 다스리겠다고 다짐하였다.

조선 시대 인사는 문과에 합격한 후 반드시 지방관을 거친 뒤, 중앙의 벼슬인 경관(京官)에 임명되었다. 3품 이상의 경(京)·도호부·목 지역의 지방관은 대부분 과거 출신이 임명되었다.

고을이 큰 나주, 광주지역은 사무처리에 능력이 있고, 청렴한 인물을 선발하기 위해 조정에서 많은 관심을 가졌다.

'광산 사또 이민서' 구절에서 알 수 있듯 광주의 명칭은 1670년대 '광주'와 '광산'을 혼용해서 사용하였다.

조선 초 신숙주(申叔舟)는 '광산은 전라도의 거읍(巨邑)이며 도(道)의 요충지로 여객이 벌 모이듯 모이는 곳'이라고 하였다.

승격과 강등의 역사 변천 속에 '광주'와 '광산'이라는 지명이 뒤바뀌면서 사용한 흔적이다.

無等山祈雨祭文
무등산 기우제문

神人之際	신명과 사람의 사이
一理感通	하나의 이치로 감통하니
性情好惡	성정의 좋아하고 싫어함이
幾無異同	거의 차이 없습니다

-이하 생략-

而膚寸之自我	여기부터 구름 모여든다면
施及物之其洪	만물에 큰 은혜 미칠 것인데
念鎭望之密邇	생각컨대 진산 이리 가깝거늘
寧不察余之哀恫	어찌 내 애통함 살펴주지 않으시나
苟長吏之可罰	만약 장리가 벌 받을 만하면
宜致殃於其躬	응당 그 몸에 재앙 이를 것이니
哀吾民之無辜	우리 죄 없는 백성 애처로이 여기며
仰神鑑之有公	신명이 공평하게 살펴주기 바랍니다
敢潔淸而薦誠	감히 깨끗하게 하고 정성을 올리며
冀降格于微衷	미천한 마음에 강림하시길 바라노니
庶靈澤之一霈	부디 영험한 은택을 한번 내리시어
百姓衣着與群	백성들과 함께 모두 입게 하소서

기우제문(祈雨祭文)은 당대에 문명(文名)을 떨치거나, 적어도 그 지역 사회에서 문장으로 이름난 문인들이 지었다.

기우제문의 궁극적 목적은 비를 내려 달라고 하늘에 비는 데 있었지만, 가뭄으로 위축되고 흩어진 민심을 위로하고 통합하려는 데도 있었다. 당대 최고의 문장가 이민서가 광주목사로 부임한 터라, 기우제문은 당연히 그의 몫이었다. 그는 광주 고을을 대표하여 타들어 가는 논밭과 작물을 바라보는 백성들의 심정을 애처로이 보살펴 달라고 무등산 신에게 빌었다.

'구름이 모여든다면' 구절은 『춘추공양전(春秋公羊傳)』 희공(僖公) 31 년 조에 "구름 기운이 돌을 부딪치며 나와 점점 모여들어 아침나절이 되

기 전에 천하에 비를 뿌리는 것은 다만 태산일 뿐이다."라는 내용을 인용
하였다. 그는 무등산을 중국의 태산과 견주었다. 태산은 중국 산동성[山
東省]에 있는 타이산산맥의 주봉이다.

이민서는 무등산을 소재로 많은 시를 지었다.

偶吟

우연히 읊다.

無等山形似臥牛	무등산 모양 누운 소 같아
森然牙角揷盈頭	촘촘한 이빨과 뿔이 머리에 가득 꽂혔지
如今木落秋容瘦	낙엽 지고 가을 모습 말쑥한 지금에는
益歎肩尻老不收	어깨와 엉덩이 늙어 거두지 못한 것
	더욱 감탄스럽네

又次前韻 二首

앞 시에 차운하다.

瑞石陰雲靜不飛	서석산의 먹구름은 고요한 채 날지 않는데
朝朝望雨暮還非	아침마다 비를 바라지만 저물도록 오지 않네
無人料解齋居意	재거하는 뜻 알아주는 사람 없고
微月慇懃入小闈	초승달만이 은근히 작은 문에 들어오누나
聞道蘇堤冠浙東	들어보니 소제가 절동에서 으뜸이어서
芙蓉楊柳鬪靑紅	부용과 버들이 빛깔을 다툰다는데

池臺着處風流盡　　　　가는 곳마다 못과 누대 있어 풍류 다하니
堪愧中華事力雄　　　　중화의 뛰어난 역량도 부끄러울 만하여라

瑞石山元曉菴 老僧永閒 委來相訪
呈七言律三首 走次其一以贈
서석산 원효암의 노승 영한이 일부러 찾아와
시를 바치기에 급히 차운해서 주다.

楚江春晩日如年　　　　남쪽 강의 늦봄은 하루가 일 년 같은데
逐客羈棲任靜便　　　　귀양 온 나그네 삶 고요하고 편안하니
門掩古城寒食雨　　　　문 닫힌 옛 성에 한식날 비 내리고
夢回空院杏花天　　　　꿈 깬 빈 뜰에는 살구꽃 피어나네
都將禍福抛身外　　　　길흉화복 모두 다 내 몸 밖에 버려두니
却怕塵喧到耳邊　　　　세상 소란 외려 귓가에 닿을까 두렵도다
忽有老僧勤遠訪　　　　문득 노승께서 멀리서 방문했으니
淸詩一讀意悠然　　　　맑은 시 한 번 읽자 마음이 그윽해라

　무등산에서 기우제를 지낸 후에도 하늘이 종일 먹구름만 드리울 뿐 비
가 오지 않자 애타는 심정을 시에 담았다.
　서석대의 모습을 '촘촘한 이빨과 뿔이 머리'로 사실적으로 묘사하면서
가을 무등산의 기괴함을 담아 냈다. 서석산은 무등산의 다른 이름이다.
무등산 원효사 노승과 시를 주고받으면서 오랜만에 여유로움을 즐기는
한가로움도 엿보인다.

　　　　　　　　　　조선은 사또의 나라다

이민서는 광인(狂人)인가?

謝柳進士 昌吾 饋魚

물고기를 보내 준 유진사 창오에게 감사하며

彈鋏恒愁草具繁	칼 두드리며 푸성귀 가득한 밥상 근심하던 차
使回苞有紫鱗鱐	심부름꾼 돌아오니 꾸러미에 붉은 생선 있네
想看潑剌初登網	처음 그물에 걸려 펄떡이는 모습 상상해 보고
仍憶招邀舊對樽	예전에 불러서 대작한 일 떠올려 보네
老去此身無復健	늙어 가는 이 몸은 더 이상 건강할 수 없으니
悲來往事不堪言	슬픔 일어나 지난 일 말할 수 없네
賴君湖海風流在	호해의 풍류가 있는 그대 덕에
樂志幽懷可討論	뜻을 즐거워하는 그윽한 회포 토론한다네

물고기를 보내 준 유 진사는 문화유씨(文化劉氏)로 10년 전 나주 목사로 일할 때 친하게 지냈던 나주지역 토호이다.

30세의 늦은 나이에 사마시(司馬試)에 합격한 유창오(柳昌吾)는 벼슬길에 나가지 않고 나주에 살고 있었다. 당시 65세였던 유 진사는 나주에서 하인을 시켜 이민서에게 붉은 생선이었던 '열기'를 보내 준 듯하다.

첫 구절 '칼 두드리며 푸성귀'는 자신의 신세를 타령하며 더 나은 생활을 위해 떠나겠다는 뜻을 담고 있다.

전국 시대 제(齊)나라 풍훤(馮諼)이 맹상군(孟嘗君)의 식객으로 있을 때, 칼을 두드리며 불편한 심정을 드러냈다고 한다.

임금이 있는 조정으로 올라가고 싶은 이민서의 마음을 엿볼 수 있다. 유 진사와 이민서는 10년 전 나주에서 술을 자주 마셨다. 술을 좋아한 이들의 우정은 10년이 지난 후에도 이어졌다.

　'슬픔 일어나 지난 일 말할 수 없네'라는 구절은 3년 전 어머니상(喪)과 4년 전 시집간 둘째 딸의 죽음을 이야기하고 있다.

　이민서가 가장 힘들었던 사건은 1673년 11월 14일. 그의 나이 41세 때 시집간 딸이 21세에 세상을 떠난 일이다.

　딸의 묘비명에 당시 아비의 슬픔을 구구절절하게 새겼다.

"아! 네 아비의 덕이 박하여 너를 도와주지도 그늘이 되어 주지도 못하였다. 네가 병이 나서는 또 보듬어 주지도, 약으로 치료해 주지도 못하고, 길에서 방황하며 울기만 하며 반함(飯唅)을 보지도 못하였다. 내가 오히려 누구를 탓하랴. 자식이 태어나서 물이나 불구덩이에서 벗어나지 못하는 것은 부모의 죄라고 하였다. 지금 네가 병으로 죽었으니 물이나 불구덩이와 다른 점이 거의 없구나."

- 이하 생략 -

"열흘만 못 보아도 문득 눈물을 흘리며 그리워하였는데, 이제는 보지도 못한 채 하늘이 끝나겠구나. 네 아비가 너의 묘지명을 쓰자니, 더욱 슬퍼할 만하도다. 이미 죽은 이에게 기다릴 것은 없지만, 여기 오면 오히려 고증할 수 있으리라."

　　　　　　　　　　　　　　　　조선은 사또의 나라다

『어제는 죽은 딸의 생일이었다. 앉아서 봄날의 만물이
향기롭고 꽃다움을 보다가 이들로 인해
애도하는 마음을 떨치기가 더욱 어려웠다.』

陳荄枯卉摠回春	묵은 풀 마른 등걸에도 모두 봄은 돌아와
萬品欣欣生意新	삼라만상 기뻐하며 살려는 뜻 새로운데
獨恨泉臺難復作	무덤에서 되살아나기 어려워 한스러우니
孰云天地本同仁	천지는 본래 골고루 사랑한다 누가 말했나
音容想像何由接	음성과 모습 그려봐도 무슨 수로 접할까
魂夢追尋亦未眞	꿈에서 뒤쫓아 봐도 참모습은 아니지
時物自佳心似割	때 만난 만물 절로 고와 마음 베인 듯
落花啼鳥助悲辛	지는 꽃에 새소리만 슬픔 더욱 부추기네

　사물에 대한 깊이가 남달랐으며, 낭만까지 있었던 그에게 딸의 죽음은
인생의 행복과 즐거움을 빼앗아 갔다. 딸의 죽음을 아파하며, 괴로워했
던 이민서는 술에 의지하여 보내는 날이 늘어나 건강에 적신호가 오게
되었다.
　1678년(숙종 4년) 9월 13일. 조정에서 광주목사 이민서의 광기가 다시
재발한 것과 관련하여 논의가 있었다. 8년 전 홍문관 부응교로 있을 때
자살을 시도했던 것처럼 이번에는 광주목 관아 처소에서 늦은 밤, 자신
의 허벅지를 칼로 찔렀다.

　사헌부에서 숙종에게 보고하였다.

"광주목사 이민서의 지병이 다시 일어난 것 같습니다. 스스로 허벅다리를 칼로 찔렀으니, 설령 차도가 있더라도 광주목사 일을 감당할 수 없을 것 같습니다. 청컨대 파직하소서."

두 번씩이나 자살을 시도했던 터라 숙종은 고민 끝에 허락하였다. 이 사건에 대해 사관이 숙종실록에 자신의 의견을 남겼다.

"이민서는 일찍이 현종 때 홍문관에서 일하다 심질(心疾)이 갑자기 발생하여 칼로 자신을 찔렀다. 이로부터 현종께서 다시는 조정의 중요한 요직을 제수하지 않았다."

조선왕조실록의 사관은 왕이 기록하지 말라고 한 사소한 것도 기록한다. 제위 중인 왕과 다음 왕까지 실록을 확인하지 못하게 하였다. 그러나 사관이 남긴 이 기록은 객관성이 떨어진다.

홍문관 부응교로 파직된 후에도 현종은 그를 호조와 예조 참의로 임명했으나, 건강상의 이유로 부임하지 않았다. 몸이 호전되자 1674년 호조 참의와 승문원(承文院) 부제조(副提調)를 겸임하는 요직에 임명하였다.

승문원은 중국과 사대교린(事大交隣)에 관한 문서를 관장하기 위해 설치했던 중요한 관서이다.

두 번씩이나 자살을 시도했던 이민서는 광주목사에서 파직된 후 전라북도 고창 흥덕(興德)에서 임시로 살았다. 그 후 몸을 추슬러서 고향 파주 교하 농장으로 돌아왔다.

광주목사를 끝으로 46세에 은퇴할 것 같았지만, 그의 뛰어난 업무능력을 아깝게 여겼던 숙종이 그를 다시 동부승지(同副承旨)로 발탁하였다. 동부승지는 지금의 민정수석 역할과 비슷한 왕의 비서 라인의 핵심이었다.

이후에도 대사간(大司諫)과 공조참판으로 승승장구하며 온 나라의 학문을 바르게 평가하는 저울이라는 뜻으로 '문형'이라 평가하는 대제학에 임명되었다.

대제학은 학문의 권위가 높다고만 해서 되는 관직이 아니었다. 과거시험 장원급제자이면서 원칙적으로 문신으로 임금의 특명을 받은 사람들이 공부하던 홍문관 출신만 가능하였다.

이후 지금의 검찰과 법원의 수장 격인 대사헌이 된 후 이조판서까지 승진하였다. 이조판서는 조선시대 육판서(六判書) 중의 하나이고, 이조(吏曹)의 으뜸 벼슬로 정이품(正二品) 관직이다.

네 번씩이나 대제학에 임명되었고 두 번의 이조판서, 예조판서, 호조판서를 지낸 그는 삼정승(영의정,좌의정,우의정)만 하지 못하였다.

1688년 2월 2일 이민서는 지병이 악화하여 세상을 떠났다. 향년 56세였다. 아버지가 영의정을 지냈고 그의 큰아들과 둘째 아들 모두 좌의정에 올랐다. 하지만 이민서만 정승에 오르지 못하였다. 1688년(숙종14) 2월 2일, 사관이 평가한 이민서의 졸기(卒記)를 보면 정승을 못 한 이유와 그의 성품을 간략하게 묘사하였다.

"성품이 강명(剛明) 방정(方正)하였고, 간묵(簡默) 정직(正直)하였다. 조정에 벼슬한 지 30여 년 동안 여러 차례 정변(政變)을 겪었으나, 지조(志操)가 한결같았는데, 직위가 총재(冢宰: 판서)에 이르렀다. 그 문정

　조선은 사또의 나라다

(門庭)에는 찾아오는 사람이 없어서 쓸쓸하기가 마치 가난한 선비의 집과 같았다. 한결같이 청백(淸白)한 절개를 지켜서 처음부터 끝까지 변함이 없었다. 이민서의 문장(文章)은 고상하고 건실하여 온 세상의 추앙(推仰)을 받는 바가 되었으므로, 국가의 전책(典册)이 대부분 그의 손에서 나왔다. 조정에서 언제나 정승을 매복(枚卜: 정승을 뽑음)할 때가 되면 추천하는 사람들이 모두 '이민서를 두고 누구를 정승으로 추천하겠는가'라고 말할 정도였다. 그러나 숙종은 그의 강직(剛直)하고 방정(方正)한 것을 꺼리고, 그다지 좋아하지 않았기 때문에 임금에게 낙점(落點)을 받지 못하여 정승이 되지 못하였다. 이때 이르러 조정의 근심스러운 일들을 눈으로 직접 보고, 항상 근심과 번민을 하다가, 병이 되어 돌아갔다. 조야(朝野)에서 슬퍼하고 애석해하지 않는 사람이 없었으며, 평소에 그를 좋아하지 않던 사람들도 '정직(正直)한 사람이 죽었다'고 한탄하였다."라고 하였다.『숙종실록, 1688년 2월 2일』

광주에서 이민서의 평가는 차갑다. 제대로 이민서라는 인간의 삶을 깊이 있게 들여다보지 않고, 광인(狂人)이라는 평가를 하고 있다.

당시 조정에서 실력이 부족한 인물을 골라 광주목사로 제수했다는 주장을 하면서 그 사례로 이민서를 주목한 경우가 많다. 그러나 그의 삶을 조금이라도 관심을 가지고 들여다보면, 얼마나 그가 나라를 걱정하고 백성을 사랑했는지를 알 수 있다.

광주목사와 나주목사를 역임하면서 지역 품관과 향리들을 꼼짝 못 하게 하는 강력한 지도력을 발휘하였다. 그리고 목숨을 걸고 풍랑을 헤쳐 섬 지역 백성의 목소리에 귀 기울인 인물이다. 엄격하면서 자신을 위한 씀씀이에는 검소하여 여러 번 나주와 광주 백성들의 부역을 경감해 주었다.

또한, 뛰어난 문장가이자 문호였던 그에 대해 스승이었던 우암 송시열은 다음과 같이 이민서의 글을 평가하였다.

"화사하면서 실질적이고 전아(典雅)하면서도 핵심이 있어서, 한나라 사마천과 같은 문체와 격조를 가졌으니, 참으로 세상에 드문 문장이다."

그는 붓을 잡으면 그 자리에서 바로 문장을 지었으며, 뜻을 깊이 생각하지 않는 듯하나 내용이 정돈되어 짜임새가 있었다.

성군이었던 정조도 이민서를 높이 평가하였다.

"지금의 대사성은 단지 이 조정에 있는 사람 중에서 구해야 하니 정경세(鄭經世)와 이민서(李敏敍) 같은 자를 어디에서 데려올 수 있겠는가."

나주목사와 대제학을 지냈던 정경세는 일곱 살에 『사략(史略)』을 읽고 여덟 살에 『소학(小學)』을 배웠는데, 절반도 배우기 전에 나머지 글은 스스로 해독할 정도로 뛰어난 인물이다.

이민서는 두 번의 자살소동으로 광인이라는 낙인이 찍혔다. 그러나 그 행동은 비극적인 개인사와 주요 관직을 수행하며 나라를 생각하고 백성의 근심을 덜어 주려는 걱정에 행한 우발적인 행동은 아니었을까.

고뇌하다 보니 술을 한잔했을 거고 그 해답을 찾지 못해 스스로를 괴롭히는 극단적인 선택을 했는지 모른다. 그리고 시집간 둘째 딸의 죽음과 동생의 죽음, 어머니의 갑작스러운 죽음 또한 영향을 주었으리라.

중요한 건 정조가 그를 높게 평가하였으며 네 번의 대제학과 장관직을 6차례나 지낸 큰 인물이었다는 것이다. 조선 시대 광주목사로 내려온 인물 가운데 이민서만큼 뛰어난 인물은 없다고 말할 수 있다. 그가 광주목사로 내려와 선정을 베푼 발자취는 분명 다양한 각도에서 재평가 받을 만하다.

─────
임금 앞에 졸고도 당당함

1925년 강효석이 한양서원(漢陽書院)에서 조선시대 인물들의 일화를 모은 『대동문기』라는 책을 출간하였다. 이 책에 이민서의 재미있는 일화가 소개되어 있지만, 이는 사실과 다르다.

이민서가 경연관(經筵官)이 되어 밤에 숙종을 모시고 강론을 하는데 갑자기 졸음이 쏟아졌다. 아무리 참으려 애를 썼지만, 그만 깜빡 잠이 들고 말았다. 옆에 있던 한 대신이 이를 보고서 "이민서가 술에 취한 얼굴로 졸고 있다."라면서 벌을 주어야 한다고 숙종에게 아뢰었다.

"이민서는 경연(經筵)에 들어오면서 술을 마셨을 뿐 아니라 무엄하게 졸기까지 했으니 죄를 물어 벌을 주어야 마땅합니다."
"그것참 이상한 노릇이로다. 이민서는 술을 마시고 경연에 들어올 자가 아닌데 오늘 웬일로 술을 먹었는지 모르겠구나. 나중에 술이 깨거든 물어보겠노라."

밤이 깊어 경연이 끝날 무렵에야 이민서는 잠에서 깨어나 자신의 실수를 알아차렸다. 그래서 숙종 앞에 머리를 조아리며 죄줄 것을 청하였다.

"무슨 연유로 그런 행동을 하였느냐. 어서 바른대로 고하여라."
"실은 그런 게 아니옵니다. 오늘 경연에 들어오자마자 저도 모르게 갑자기 졸음이 오더니 꿈을 꾸었습니다."
"그래 무슨 꿈이더냐?"
"제가 몇 년 전 광주 고을을 다스릴 때, 그 고을 선비들과 교분이 매우 두터웠습니다. 그런데 꿈에 제가 광주를 가게 되었습니다. 그곳 선비들이 모여 즐겁게 술을 마시면서 저에게도 자꾸 권하였습. 저도 모르는 사이 술에 취하게 되어 예의를 잃었습니다. 죽여 주십시오."

숙종은 평소 이민서가 백성들에게 고루 은혜를 베풀어 신망을 받고 있다는 사실을 알고 있었다. 그래서 광주에 사람을 보내어 그날 밤 무슨 일이 있었는지 알아보라고 명하였다.

"이민서가 광주를 다스릴 때, 그곳 백성들이 자식처럼 따뜻하게 보살펴준 은혜를 잊지 못하여 이민서의 공을 기리는 생사당(生祠堂)을 세웠습니다. 그런데 그날이 바로 낙성식(落成式)을 한 날이었습니다."

이민서가 잠든 사이에, 그의 혼(魂)이 육신에서 빠져나가 광주의 자기 사당에 가서 사람들이 올린 술을 한껏 마시고 취하게 되었다는 일화이다.

조선은 사또의 나라다

숙종과 대신들이 모여 임진왜란 때 박광옥(朴光玉), 김덕령(金德齡) 의병장에 관한 포장(襃章)을 논의하였다.

2년 전, 광주목사를 역임했던 대제학 이민서가 박광옥과 김덕령의 업적을 자세하게 설명하였다.

"광주(光州) 사람 박광옥(朴光玉)은 명종(明宗)·선조(宣祖) 때, 학문을 연구하고 덕을 닦는 선비로 문과(文科) 출신으로 대관(臺官)과 시종(侍從)을 지냈습니다. 임진란(壬辰亂)을 맞이하여 고경명(高敬命)과 더불어 창의(倡義)하여 군사를 일으켰으나, 노병(老病)이 있어서 종군하지는 못하고 집에서 일일이 계획한 바가 많았습니다."

이민서는 숨을 고르고 김덕령에 대해서도 아뢰었다.

"김덕령(金德齡)은 해를 꿰뚫을 충성과 하늘에 닿을 원통함을 온 세상이 악비(岳飛)에 견줍니다. 광주 사람들이 사당(祠堂)을 세워서 모두 제향(祭享)하니, 조정에서도 또한 마땅히 포장(襃獎)해야 할 것입니다."

광주목 도성 안에 향현사(鄕賢祠)가 있었다. 그곳은 의병을 일으킨 박광옥의 사당(祠堂)이었다.

사당 곳곳이 허물어져 제구실을 못 하자 이민서가 광주목사로 부임하여 옛 규모로 중수하고, 그곳에 김덕령 의병장을 함께 배향하였다.

대제학 이민서가 박광옥과 김덕령 의병장에 대해 상세하게 알고 있었던 터라, 숙종은 곧바로 해조(該曹)에 명하여 대신들과 의논하여 두 의병장을 사액(賜額)하게 하였다.

1678년 9월 광주목사에서 파직된 그는 1680년 봄, 서인이 정권을 잡자 동부승지(同副承旨)로 발탁되었다. 이후 대사간(大司諫)에 임명되었다. 그해 6월에 대제학(大提學)으로 임명되어 경연(經筵)에서 경서(經書)와 정사(政事)를 토론하였다.

실제 1680년 윤8월 24일, 경연에서 박광옥과 김덕령 의병장의 포장(襃章)에 관한 논의가 있었다.

강효석은 이날 경연을 모티브로 이민서의 일화를 재미있게 재구성한 듯하다. 대제학 이민서가 경연 중에 숙종 앞에 졸면서 꿈을 꾸었다는 건 사실이 아니다.

조선은 사또의 나라다

참고문헌

『효종실록(孝宗實錄)』

『현종실록(顯宗實錄)』

『현종개수실록(顯宗改修實錄)』

『숙종실록(肅宗實錄)』

『숙종실록보궐정오(肅宗實錄補闕正誤)』

『영조실록(英祖實錄)』

『국조인물고(國朝人物考)』

『국조방목(國朝榜目)』

『국조보감(國朝寶鑑)』

『서하집(西河集)』

『병산집(屛山集)』

『수곡집(睡谷集)』

『기언(記言)』

『명재유고(明齋遺稿)』

『서계집(西溪集)』

『송자대전(宋子大全)』

『연려실기술(燃藜室記述)』

『承政院日記』

『戰國策 齊策 4』

『史記 卷120 汲黯列傳』

『대동기문』 강효석 편, 명문당

오홍석, 『땅 이름 점의 미학-'광주(光州)' 따스하고 번영하는 빛고을』 2008

[네이버 지식백과] [수령(守令)] (두산백과)

[네이버 지식백과] [홍득우(洪得禹)] (한국민족문화대백과, 한국학중앙연구원)

[네이버 지식백과] [대제학(大提學)] (두산백과)

조선은 사또의 나라다

화장하는 남자
광주목사(光州牧使) 이세근

1719년(숙종 45년) 6월 4일

 이세근(李世瑾)을 병조참의(兵曹參議)로 삼았다.

"이세근은 사람됨이 음험(陰險)하고 간사(奸邪)하다. 얼굴을 단장하기 좋아하여 날마다 여러 차례 낯을 씻고 목욕하고, 분을 바르고, 눈썹을 뽑았으며, 의복과 음식이 모두 보통 사람과 다르다. 그래서 당시에 그를 인요(人妖)라고 불렀다. 또 성품(性品)이 탐오(貪汚)하여 일찍이 접위관(接慰官)이 되었을 때 왜인(倭人)이 침을 뱉으며 비루하게 여기지 않는 자가 없었다. 다만 붙좇는 데 교묘하여 때에 따라 얼굴을 바꿈으로써 승진하여 비옥(緋玉, 정3품 당상관을 일컬음)에 이르렀으나, 조정의 관원들이 함께 반열(班列)에 서는 것을 수치(羞恥)로 여겼다." 『숙종실록 인사-임면(任免)/인물(人物)』

 군사업무를 총괄하는 병조참의로 임명된 이세근에 대하여 '보통사람과 다르면서 탐욕스럽다'라고 사관(史官)이 평가하였다. 병조참의는 지금의 국방부에서 차관 다음으로 높은 벼슬로 합참의장 또는 육군 참모총장에 해당하는 '넘버3'이다.

나라의 국방을 책임지는 중요한 자리에 있었던 인물을 사관(史官)이 혹독하게 평가한 이유는 무엇이었을까?

실록을 기록한 사관은 사건에 대해서는 일정 부분 객관성을 유지하였지만 인물평에 대해서는 그러지 못한 부분이 자주 보인다.

절대권력자였던 왕의 인사, 판결, 행동까지 거리낌 없이 잘못을 지적하는 건 다반사였고, 때론 비꼬기까지 하였다. 따라서 일개 벼슬아치들에 대한 인물평은 가혹할 정도로 평가 이하인 경우가 있었다. 더군다나 자신이 속한 당파(黨派)가 아닌 인물에 대해서는 더욱 심하였다.

숙종 때는 두 차례 예송논쟁으로 서인(西人)과 남인(南人)의 갈등이 더욱 첨예하게 대립한 시기였다. '우리 아니면 틀리다'라는 흑백논리로 서인과 남인이 대립한 시국에 이세근은 남인에 속하였다.

첫 번째 예송논쟁 때 서인의 수장 송시열(宋時烈)이 정국을 장악함에 따라 서인이 출사하였고『숙종실록』은 서인 중심으로 기록되었다.

1716년(숙종 42년)에 국정의 시비(是非)를 가리는 교리(校理, 홍문관 종5품)로 일하던 이세근이 남인의 수장이었던 윤증(尹拯)의 공로를 인정해 달라고 상소하여 숙종에게 허락을 받았었다. 그러나 1718년에 죽은 후 생전 벼슬을 없애는 윤증의 '추삭(追削)' 문제가 제기되자 사직서를 제출하였다.

그는 당시 남인의 대변인 역할에 가장 앞장섰다. 그래서인지『숙종실록』곳곳에 사관이 부정적으로 평가한 기록이 넘쳐난다.

조선은 사또의 나라다

사관이 서인이 아니었다면 이세근에 대한 평가는 과연 어땠을까?

"동부승지 이세근이 소를 올려 김시환을 배척하는 뜻을 밝게 보일 것을 청하다. 신은 오랫동안 궁벽한 시골에 있었으므로 실제 대소의 말뜻이 어떠한 것인지를 자세히 알 수가 없습니다. 다만, 대체로 여론(輿論)을 들어보면 비록 대신(臺臣)을 펀드는 자일지라도 공의(公議)가 있는 곳을 알 수 있습니다. 그런데도 유독 전하께서는 오히려 뚜렷하게 배척하는 뜻을 밝게 보이지 않으시고 다만 소활하다고만 하교하셨습니다. 제 생각건대, 두 글자는 너무나도 적합하지 않은 듯합니다. 윤발(綸綍)의 말은 부족함이 있으니, 바라건대, 전하께서 마음에 두시어 밝게 살피소서."
"그대의 말이 비록 나라를 근심하고 임금을 사랑하는 데서 나왔으나 대언(臺言)도 또한 반드시 뚜렷하게 배척할 것이 없으니, 의아하게 여기지 말라."

　지금의 민정수석 역할을 했던 동부승지 이세근은 거침없이 경종에게 직언하였다. 이 기사를 통하여 경종이 오히려 이세근을 다독거리는 모습이 보인다. 그러나 사관은 이세근의 행동을 못마땅히 여겼는지 낯 뜨거울 정도로 이세근을 비난하였다.

"이세근은 일찍이 시론(時論)에 눈치나 보면서 언제나 우물쭈물하는 태도가 있었으므로 동료들이 이 때문에 그를 비방하였다. 때마침 임금을 모시는 동부승지로 있었기에 공의(公議)에 몰린 나머지 감히 말하지 않을 수 없었으나, 능히 명백하게 말하고 바르게 논하여 남을 헐뜯어 없는 죄도 있는 것처럼 변명하여 밝히지 못하였다. '비교(批敎)' 두 글자를 핑계를 대 대강대강 말하였다. 혹시 한마디 말이라도 시배(時輩)의 뜻을 거스를까 봐 겁을 내어 글의 첫머리에서도 끝맺음에서도 조심해 본 내용은 몇 구절만 남았을 뿐이었으니, 슬퍼할 따름이다."

벽진(碧珍) 이씨인 이세근은 정시 문과에 급제한 후 엘리트 코스를 밟았다.

사헌부와 사간원, 홍문관, 성균관 등에서 지평·정언·사서·문학·수찬·교리 등 과거 출신자만 갈 수 있었던 청직(淸職)을 두루 거쳤다. 그는 젊은 시절, 소신을 굽히지 않고 왕에게 직언할 수 있는 사헌부 지평과 정언으로 임명되어 조정 대신들의 부정행위를 감찰하였다.

1669년, 사헌부 지평에 일하면서 당시 조정인사권을 총괄하는 이조판서(현재 행정안전부 장관) 신완(申琓, 광주광역시 출신)에 대하여 탄핵을 강력히 요청하였다. 신완(申琓)이 '붕당을 조장하고 사실을 왜곡하고 있다'는 이유로 상소를 올렸으나, 오히려 부메랑을 맞아 고향인 충청도 음성현감(陰城縣監)으로 좌천되었다.

신완의 비위 사실을 적나라하게 이야기하면서 항의한 강직한 행동에 대하여 『숙종실록』에는 '매우 방자한 행동으로 물의를 일으켜 도리어 자신이 탄핵당하였다'라고 기록하고 있다.

이 일로 오랫동안 조정으로 올라오지 못하다가, 7년 후인 1706년(숙종 32년)에 홍문록(弘文錄) 정언(正言)으로 임명되었다.

그는 '군신이 서로 믿고 따르도록 공정해야 하며, 백성을 구하는 방도와 선비와 절의를 숭상하는 정사(政事)를 이루도록 해야 한다'라는 소를 다시 숙종에게 올렸다. 이처럼 강직하면서 개성 있는 성격을 지닌 이세근은 남인 처지에서는 소신을 굽히지 않고 직언하는 충신으로 보았을 것이고, 서인은 정반대였을 것이다.

300년 전 '맵시꾼' 광주목사로 오다

오늘날 패션과 미용에 아낌없이 투자하는 남자들을 '그루밍족'이라고 일컫는다.

이세근이 바로 조선 시대의 대표적인 그루밍족이었다. 그는 하루에도 여러 번 얼굴을 씻고, 분을 바르고 눈썹을 뽑아 정리하였다. 그러나 당시에는 이세근을 상식에서 벗어난 사람, 즉 '인요(人妖)'라고 수군거렸다. 조선 시대에 치장하는 남성이 흔하지 않았다는 이야기다.

'인요'라는 놀림을 받았지만, 그의 업무능력은 탁월하였다. 성실하면서 예리한 분석력과 세심함까지 지니고 있어 사헌부와 사간원, 홍문관 등에서 그의 능력을 필요로 하였다.

개성 강하고 자유분방한 이세근이였지만 일에서만큼은 철두철미하여 자신의 소신을 굽히지 않고 미련 없이 사직서를 던질 때가 많았다. 그러나 숙종은 그를 미워하기보다는 오히려 요직(要職)에 앉히거나 승진을

조선은 사또의 나라다

시켜 주위의 시기와 질투를 받기 일쑤였다.

1722년 8월, 충청도 관찰사(종2품, 현 충청남·북도 도지사)로 일하던 이세근이 광주목사로 임명되었다. 지금 생각하면 '예향(藝鄕)' 광주에 어울리는 인물이 부임한 것이다. 하지만 화장을 하는 남자에 대한 거부감 때문인지 광주목사로 일한 그의 흔적을 찾아보기 힘들다.

안타깝게도 이세근에 대한 평가는『숙종실록』의 부정적인 기록에 의존한 나머지 광주목사였다는 사실을 창피해하는 게 현실이다. 광주로 부임한 사또 가운데 '빛고을 광주'와 가장 잘 어울리는 인물이 바로 이세근이라는 사실을 모른 체 말이다.

한 듯 안 한 듯 분만 살짝 바르는 '박(薄) 화장'을 하고 수시로 거울을 보면서 치장에 관심이 많은 사또가 광주에 내려왔다. 미용에 관심이 많았던 그는 백옥 같은 피부를 가지고 있었을 것이다. 궁에는 화장품을 공급하는 기관이었던 보염서가 있었지만, 한양과 천리가 떨어진 외진 광주목은 사정이 달랐다. 그 시절 여성들조차 미용에는 전혀 관심이 없었다.

고급 연지나 분궤는 중국 사신이 중궁전, 휘빈궁에 바치는 귀한 물건이라 백성들에게는 언감생심이었다. 그러나 이세근은 수시로 머리를 매만지고 눈썹을 뽑으며 용모를 관리하면서도 어머니의 세심함으로 광주 백성들을 보살폈다.

1723년(경종 3년) 경종이 내린 교지(敎旨)를 통하여 그해 가뭄이 극심했던 것으로 확인된다.

"아! 보잘것없는 내가 즉위한 이래 비상(非常)한 재앙과 홍수·가뭄·바람·우박 등의 참혹함이 거의 달마다 곡식을 해쳤고…. 하늘이 두려움을 주고 잘못을 고쳐 주려는 것이다. 임금이 반성해야 한다. 직언을 구하라. 광망(狂妄)한 직언이라도 용납할 것이다. 지금 내린 재이(災異)는 모두 무덕(無德)한 나의 소치이니…."『경종실록, 1723년 4월 5일』

홍수와 가뭄, 그리고 태풍으로 광주 백성 또한 어려움에 빠져 굶주림에 시달리게 되었다.

이세근이 며칠을 못 잤는지 화장을 했음에도 초췌한 얼굴로 동헌에 앉아 있었다.

"아아. 이 일을 어찌할꼬."

사또의 깊은 한숨에 밑에 있던 부하들이 어찌할 바를 몰랐다. 그중 이방이 용기를 내어 물었다.

"사또. 대체 무슨 일이 십니까? 요즘 통 주무시지도 못하고 드시지도 못하고 이러다 무슨 사달이 날까 걱정이옵니다."
"하아. 어찌 편히 먹고 잘 수가 있겠느냐? 이리 오랫동안 나라에 가뭄이 들어 우리 같은 벼슬아치들도 먹거리가 확연히 줄었거늘… 하물며 백성들은 오죽할까."

부하들은 어려움 속에서도 자신의 안위가 아니라 백성들의 사정과 살

조선은 사또의 나라다

림을 걱정하는 이세근의 모습에 감탄했다. 그리고 이어지는 말에 더욱 놀랐다.

"안 되겠다. 여봐라. 당장 관고의 곡식을 꺼내어 백성들에게 나눠 주어라."
"예? 사또 그것은 아니될 말이십니다. 관고를 열라니요."
"모두가 돕고 아끼며 나눠야 이 위기를 극복할 수 있을 것이다. 그리고 나의 녹봉도 백성들에게 나눠 주어 당장 어려움에 처한 자들을 도와라."
"예. 사또의 명을 따르겠사옵니다."

———
유일한 두 기의 '선정비(善政碑)'

1879년 간행된 『광주읍지』에는 조선 시대 광주목으로 내려온 194명의 목사 또는 현감(縣監)의 이름을 기록하고 있다. 이들은 짧게는 몇 개월부터 길게는 4년 이상 광주에 머물며 지방행정을 책임졌다.

읍지의 194명 가운데 '백성들로부터 칭송을 받아 선정비를 세웠다'라고 기록된 목사는 유경심(柳景深) 외 14명이다. 그런데 읍지에는 기록되어 있지 않은 이세근(李世瑾)의 선정비가 2개나 있다.

선정비는 수령으로 일하면서 은혜를 베푼 내용을 새겨서 세운 비석이다. 하지만 절차가 까다로워 아무나 쉽사리 세우지 못했다. 광주목도 200여 명의 수령 가운데 10% 미만인 20여 명의 선정비만 있다.

선정비나 송덕비는 관찰사가 해당 사실을 심사한 다음 왕의 칙령으로 허가를 받은 후에야 세울 수 있었다. 그런데 특이하게도 이세근의 선정비가 현재 광주공원 내에 두 기(基)나 있다.

그 중 첫 번째 비는 글씨를 새기는 과정에서 마지막 '비(碑)'자를 한 줄로 새기지 못하였다. 그래서 두 번째 비를 세운 것으로 향토학자들은 추측하고 있다.

주목할 점은 두 선정비의 내용이 같지 않다는 것이다.

하나는 청덕휼민선정비(淸德恤民善政碑)이고, 다른 하나는 청덕선정비(淸德善政碑)이다.

청덕비는 청렴하면서 덕행(德行)을 기려 세운 비이고, 청덕휼민은 청렴한 가운데 빈민이나 이재민을 구제한 은혜로운 마음을 전하는 비이다. 따라서 '비'자가 한 줄로 새겨져 있지 않아 다시 제작하여 선정비가 두 기인 게 아닌 듯싶다.

청렴하면서 백성에게 덕행을 베푼 은혜와 이재민을 구제한 행적을 기리기 위하여 각각 세운 것으로 추정된다.

200여 명의 광주를 거쳐 간 수령 가운데 유일하게 두 개의 선정비가 세워졌다는 것은 어쩌면 이세근의 선정에 감동한 광주 백성들이 그 은혜와 덕을 기리기 위하여 세운 것은 아닐까 짐작해 본다.

1722년 9월 25일 경종에게 하직 인사를 하고, 10월 초에 광주목으로 부임한 이세근은 1723년 5월까지 약 8개월 동안 광주에서 일하였다.

짧은 임기 동안 이세근은 광주에서 많은 일을 한 것으로 추정 되지만 자세한 그의 재임 기간 행적은 찾아볼 수 없어 안타까울 따름이다. 다행히 두 개의 선정비가 광주공원 내에 남아 있어 '탐욕스럽고 간사한 인물'이라는 억울함을 풀어 주고 있다.

또한, 이세근의 선정비는 광주에만 있는 게 아니라 고향인 충북 음성에도 있다.

1700년(숙종 26년) 사헌부 지평(持平)으로 있으면서 광주 출신인 신완(申琓)을 탄핵하는 상소를 올렸다가 숙종이 이를 거부하여 고향인 음성 현감으로 내려오게 되었다.

음성 현감으로 일하면서 그는 선정을 베풀어 음성 백성들이 공덕비를 세웠다.

이처럼 그는 조정(朝庭)에서는 남인의 행동대장으로 당파의 이익을 위해 동분서주하였고, 현장에서는 백성과 부대끼며 함께 있었다.

광주 목사를 성실히 수행한 그는 1723년 5월 27일, 경상도 관찰사로 자리를 옮겼으나 6개월 만에 사헌부 지평 윤용(尹容)의 상소로 파직당하고 만다.

부녀자처럼 옷차림과 장식을 하고 다닌다는 이유에서다.

"사헌부(司憲府) 지평(持平) 윤용(尹容)이 논하였다. 경상도 관찰사 이세근(李世瑾)은 의상을 장식함이 거의 부녀자의 모양새와 같고 외모를 꾸미는 것이 사대부(士大夫)의 풍미(風味)가 없습니다. 성격이 본디 까다롭고 세밀하여 지나치게 살피는 것을 현명한 것으로 여기면서 행동거지가 각박합니다. 그리고 자세하게 조사하는 일이 많으며 혹독한 것을 위엄으로 여깁니다. 청컨대 파직하게 하소서."

남성이 외모를 꾸미는 일이 사대부(士大夫)로서 부적절하다는 이유로 탄핵당하였다. 그런데 여기서 눈여겨보면 이세근의 성격이 사실 그대로 묘사되었다. '지나칠 정도로 살피고 세밀하면서 현명한 성격'이란 걸 알 수 있다.

경상도를 총 책임지는 관찰사의 임무는 도내(道內) 백성을 두루 살피면서 지역의 조그마한 일도 소홀히 하면 안 되었다.

송사가 발생하였을 때 사건 하나하나 자세하게 조사하는 그의 성격을 어이없게도 파직이유로 들고 있다. 그는 관찰사로 일하면서 여성스럽게 화장하면서 외모를 꾸미기도 하였지만 일만큼은 철두철미하였을 것이다.

아전과 지역 토호들을 혹독하게 다루었고 백성들에게는 따뜻한 관찰사였다. 이유 같지 않은 이유로 파직당한 탓인지 그는 4개월 후 승지(承旨)로 복귀하였다.

영조가 즉위하면서 그는 좌윤과 우윤 그리고 대사간·대사헌을 거쳐 1731년(영조 7년)에 동지의금부사(同知義禁府事)가 되었다. 이때 역대 왕의 훌륭한 말과 선정을 모아 편찬한 『성조갱장록(聖朝羹墻錄)』을 지었다. 70세가 되어 퇴직한 후 관원으로 최고의 대우인 봉조하(奉朝賀)를 영조에게 하사받았다.

젊었을 때는 지평과 정언, 40대~50대에는 광주 목사와 관찰사, 그리고 동부승지로 일하고 50대 후반부터 대사간과 대사헌, 동지의금부사 등으로 일하면서 영조에게 특별대우를 받았다.

이세근은 그의 삶과 실록에서 화장하고 여성스럽게 옷을 입고 다녔다는 이유만으로 가혹한 평가를 받았지만 최근에는 그를 다룬 소설도 출간되고 그의 업적을 다룬 선정비도 재조명되면서 다양한 방향으로 재평가되고 있다.

광주 목사로 내려온 인물 가운데 총 세 기의 선정비가 세워져 있으며

조선은 사또의 나라다

그 중 광주에만 두 기나 세워진 목사는 이세근이 유일하다.

300년 전 파격적인 행보로 시대를 앞서갔던 남자. 용모를 꾸미고 자신을 가꾸면서도 절대 백성을 보살피고 나랏일을 하는 데 소홀하지 않았던 광주 목사 이세근을 우리는 다시 살펴보아야 할 것이다.

참고문헌

『숙종실록(肅宗實錄)』

『경종실록(景宗實錄)』

『영조실록(英祖實錄)』

『승정원일기(承政院日記)』

『국조방목(國朝榜目)』

『광주읍지』, 1876

몽둘바당, 『인요』, 지식과 감성, 2017

사이버광주읍성, 재)지역문화교류호남재단

[이세근(李世瑾)], 한국민족문화대백과사전

묏자리를 위하여
화순능주목사(和順綾州牧使) 이광도

1835년(헌종 1년) 3월 11일 능주목(화순군 능주면) 관아

명당에 서로 무덤을 쓰려고 싸우는 산송(山訟) 문제가 조선 시대 최대 골칫거리였다.

조상의 묏자리를 잘 쓰면 자손들이 복을 받는다고 믿는 '음택 풍수'와 조선 시대 최고의 덕목 중 하나인 효도와 직결되어서 묏자리는 목숨만큼이나 소중하였다. 살아서나 죽어서나 명당자리를 차지하려는 인간의 욕망이 살인까지 이어지는 사건이 허다했다.

능주목 하동면 쌍봉리(현재 화순군 이양면 쌍봉리)에 사는 양일영 등 3명이 능주목 관아에 소지(所志)를 올렸다. 소지는 관아의 도움을 받기 위해 신청하는 민원(民願)서류로 조선 시대의 사회 모습을 이해하는 데 중요한 자료이다.

퇴직을 앞둔 사또는 떨어지는 낙엽도 조심해야 하는 시기였다. 괜히 잘못된 판결이나 골치 아픈 사건에 휘말렸다가는 말년에 힘든 시간을 보

낼 수 있었다.

하루하루 무탈하게 넘어가기를 빌었지만 기어이 사건이 터졌다.

형방이 사또에게 아뢰었다.

"쌍봉리에 사는 양팽손의 후손 양일영이 올린 민원을 보고드리겠습니다. 나이는 64세이며, 제주 양씨 종가를 관리하고 있습니다."

"퇴직도 얼마 안 남았는데 무슨 일이냐. 양팽손 선생의 후손이니 들어나 보자."

형방의 사건 보고가 이어졌다.

"같은 마을에 사는 남준옥의 모친이 작년 11월에 숨졌습니다. 그래서 자신이 살고 있는 마을 뒤 골짜기에 빈장(殯葬, 주검을 매장하기 전에 임시로 안치하는 장소)을 하고 있다가 며칠 전에 관을 묻으려 하였다고 하옵니다."

"그게 무슨 문제가 되느냐?"

"헌데 이 빈장이 있는 곳이 제주 양씨 종가와 가까운 곳이라 양가에 분란이 생겼다는 내용입니다."

빈장은 뼈만 깨끗하게 수습해 매장하는 풍습에서 유래하였다. 빈장의 기간은 짧으면 며칠에서 몇 달, 길면 몇 년까지 계속되었다. 이 기간에 자식은 시신 옆에서 애도하며 본장을 준비하였다. 사극 드라마에서 부모가 돌아가시면 관직을 그만두고 고향으로 내려와 삼년상을 치르는 모습이 자주 방영된다. 그러나 현대에는 빈장이 사라지고 곧바로 본장을 치른다.

"묏자리가 양씨 종가와 얼마나 떨어져 있느냐?"
"양일영이 산 지도를 함께 올렸는데 양씨 종가와 40~50m 떨어져 있습니다."
"종가랑 코앞도 아니구나. 서로 타협을 하면 될 것도 같은데?"
"그런데 양씨 측에서 그곳이 산의 주맥이 흐르는 곳이라면서 쌍심지를 켜며 반대하고 있습니다."

 잠시 지도를 꼼꼼히 살피던 사또가 말하였다.

"주맥은 곧 산의 탯줄이다. 탯줄이 끊기면 생명이 죽고 주맥을 뭉개면 대지가 아프다. 아픈 대지는 생명이 자라지 않는다. 그런데 이 장소를 꼬집어서 주맥이 흐르는 곳으로 단정하기 어렵다. 이방과 형방이 쌍봉리에 가서 두 집안을 타협시키도록 하여라."

 알아서 타협시키라는 사또의 명령에 이방과 형방이 곤란하다는 듯 동시에 손을 저었다.

"사또. 한 동네 사람 싸움에 저희가 나섰다가는 다 아는 처지에 낭패를 볼 것입니다. 나리는 곧 올라가지만 우리는 능주에서 뼈를 묻어야 하는데…."

형방도 거들었다.

"남씨 삼 형제가 팔순이 넘은 병든 아버지를 업고 본장을 치르려고 했습니다. 이를 막으려고 양씨들이 나섰고 남씨 삼 형제는 칼을 휘두르면서 묘를 쓰려 했다고 합니다. 다행히 다친 사람은 없었지만, 마을 사람들이 서로 눈치만 보고 있습니다."
"칼부림이라니! 그 자리가 그렇게 명당이더냐?"

쌍봉리에서 사는 면임(面任, 지금의 면사무소 공무원)이 나섰다.

"그게 다가 아닙니다. 30년 전에는 그 자리에 남씨 형제 아버지가 당숙(5촌)을 묻으려 했습니다. 그때도 남씨 아버지가 몽둥이를 휘두르면서 양씨와 다툼이 있었습니다."
"허 참, 의령 남씨 집안이 문인(文人) 집안으로 유명한데 무인(武人) 기질이 다분하구나. 그때는 어떻게 되었느냐?"
"주맥(主脈)과 가깝고 양씨 종가 인근이라는 이유로 양씨가 승소하였습니다."

능주목에서 송사(訟事)를 다루는 법조(法曹, 종8품)에게 사또가 물었다.

"전임 사또의 판례는 들어 봤고 법대로 하면 어떻게 되는 것이냐?"

법전을 이리저리 살피던 법조가 대답하였다.

"법에는 왕의 종친이나 문무백관(정승) 묘와 가깝지 않으면 묘를 쓸 수 있습니다."

능주목사는 고민스러웠다.

"법조 말대로 『경국대전』의 규정에는 어긋나지 않는다. 하지만 30년 전 판례가 있으니, 이 또한 무시할 수 없다. 나 또한 퇴직이 얼마 남지 않았지만 깊이 있게 고민해 보고 내일 판결을 내리겠다."

다음 날, 판결문을 전달하고 집행할 차사(差使)와 쌍봉리 유향소의 면임이 능주 관아에 도착하였다. 능주목사가 예방(禮房)에게 판결문을 쓰도록 지시하였다.

"내가 불러준 판결을 산도(山圖, 산의 지도) 뒷면에 써라!"
"예. 사또. 말씀하십시오."

예방이 붓을 들고 귀를 쫑긋하였다.

"양반가의 사당과 가까운 곳에 감히 묘를 쓸 수 있느냐? 면임은 남씨 삼 형제를 유향소에 잡아 가두거라. 그리고 빈 장한 것을 곧바로 철거하거라."

판결을 내린 능주목사는 이광도(李廣度)였다. 그는 능주목으로 부임한 목사 가운데 가장 오랫동안 일한 인물이다. 능주목 선생안(先生案, 부임

조선은 사또의 나라다

목사 명단)에 따르면 능주목사 평균 임기는 1년 남짓이다. 1년 안에 승진하거나 더 나은 자리로 이동하는가 하면 암행어사에 의해 파직되는 경우가 허다하였다. 그런데 이광도는 무려 5년이라는 임기를 마치고 능주목에서 퇴직한 유일한 목사다.

환갑이 가까운 나이에 승진과 자리 이동이 없었던 이광도는 능주목에서 합리적인 업무처리로 백성들에게 신망이 높았다.

연초에 능주향교를 중수한 그는 조용히 지내고 싶었던 찰나, 소송 건이 올라와 골머리를 앓았다.

이광도는 20년 전, 1815년 젊은 나이에 화순 현감으로 부임하여 1년 6개월 동안 일하였다. 지금의 화순군은 과거 능주목, 화순현, 동복현으로 나누어져 있었다. 화순 현감으로 내려와 개혁적인 행보를 하였지만 암행어사 조만영의 상소로 인하여 파직되었다.

조만영은 백성들을 다스리지 못한다는 이유를 들어 이광도를 비롯하여 전 능주목사 남인구 등 30여 명을 파직해 달라는 상소를 올렸다. 명단에 올라온 지방관들이 모두 파직되었다. 그러나 이광도는 정확히 15년 후, 능주목사로 임명되어 화순에서 무려 7년여 가까이 지방관으로 일하였다.

이광도는 강진으로 유배된 다산 정약용과 절친이었다. 능주목사로 부임하기 전, 1827년 삼척 도호부사로 일하면서 그는 정약용에게 시를 보내고 나물과 음식을 자주 보내 주었다.

1827년(순조 27년) 여름, 이광도가 나물과 먹을 것을 보내 오자 정약용은 답례로 시를 부쳤다. 시에서 정약용은 "삼척에 「척주동해비」가 있어

동해안의 조수가 안정되고 왜적이 침략도 없다."라면서 이광도에게 선정에 힘쓰라고 하였다.

寄三陟都護李廣度

삼척 도호부사 이광도에게 부치다.

悉直遺墟沙海濱	실직의 옛터가 사해 가에 위치했으니
七分仙是七分人	칠분은 신선이요 칠분은 인간이로세
遙憐五鼓無眠曉	오경이라 잠 없는 새벽이 멀리 애처로우나
與作三刀有脚春	삼도라 다리 있는 봄과 같이 되겠지
眉叟碑存鱁戶晏	미수의 비석 있어 차호들이 편안하고
鰕夷船斷酒杯頻	왜놈의 침략 끊어져 술잔 자주 기울여라
粥材遠寄松腴至	죽거리로 복령을 멀리 부쳐 주었으니
思共山氓頌壽民	산간 백성과 함께 수민을 송축코자 하노라

1835년 3월 25일 능주목 쌍봉리

제주 양씨, 양팽손의 후손. 양일영과 양직영이 관아에서 받은 판결문을 가지고 남씨를 찾아갔다.

"엊그제 관아 판결문이 나왔다. 사또께서 지도 뒷면에 판결했으니 당장 빈장터를 옮기거라!"

조선은 사또의 나라다

양씨 형제가 지도 뒷면의 판결문을 보여 주며 의기양양 했지만 남씨 형제는 코웃음을 쳤다.

"그 판결문, 며칠 사이에 종잇조각이 될 수도 있을 것이요."
"무엄하게 사또의 판결을 무시하는 것이냐?"
"누가 무시한다고 그럽니까? 산일이라는 게 날짜를 잡아야 하지 않겠소?"
"빈장터인데 무슨 산일이냐? 옮기라면 옮길 것이지. 당장 철거하라니까!"

남씨 형제는 끝내 옮기는 것을 거부하였다. 다음 날도 양씨가 찾아갔지만 동생 남준옥은 대놓고 핀잔을 놓았다.

"사또가 곧 발령 나서 한양으로 올라간다는 소식을 못 들었소? 신임 사또의 판결도 받아 봐야 하지 않겠소?"

완력으로는 도저히 이길 수 없다고 판단한 양씨가 코를 씩씩대며 사또를 찾아갔다.

"사또 나으리! 남씨 형제가 사또의 판결을 완전히 무시하였습니다. 습관적으로 관아 명령을 따르지 않는 인간들입니다. 송구하오나 맹차(猛差)를 보내어 잡아 가두어 주십시오."
자신의 판결을 무시하였다는 말에 능주목사는 화를 감추지 못했다.

"판결이 내려졌는데, 어찌 감히! 쌍봉리 면임은 당장 마을로 가서 진위를 파악하거라"

3일 후, 쌍봉리 풍헌(風憲) 정씨가 사또에게 보고하였다. 풍헌은 면임과 함께 조선 시대 대민 행정 실무를 담당하던 향임(鄕任)이다. 오늘날 면사무소와 동사무소 직원이다.

"관아의 판결을 보고서도 남씨 형제가 코웃음을 치며 따르지 않고 있습니다."
"간이 배 밖으로 나왔구나! 쌍봉리 유향소에서 즉시 잡아 가두거라."

맹차는 지금의 지방공무원으로 험상궂고 힘이 센 자들을 뽑았다. 백성을 윽박지르고 폭력적으로 세금을 독촉하여 '개나 닭까지 편안치 못했다'라는 기록이 있다.

오늘날로 치면 용역 깡패 겸 지방공무원이다. 하지만 이광도는 차마 '맹차'를 시켜 사건을 해결하지는 않았다.

관아와 유향소에서 일하는 사람은 풍헌(風憲) · 약정(約正) · 집강(執綱) · 면임(面任) · 방수(坊首) · 방장(坊長) · 사장(社長) · 검독(檢督) · 도평(都平) · 이정장(里正長) · 관령(管領) 등 호칭이 여러 가지다.

이들은 관아의 행정명령을 백성에게 알리고 조세 납부를 지휘하는 등 지방관청의 심부름을 하였다. 주현(도시 중심지)에 수령이 근무하면서 지금의 읍면동 지역에 세금납부 등을 지시하고 감독하였다.

아전(衙前)이라고 불리는 이들은 지역 유향소(留鄕所)의 좌수 · 별감이 천거하면 수령이 임명하였다. 그러나 행정 계통상 면 이하 지역 아전은 수령보다는 유향소 관할에 있었다.

　3월 25일, 남씨 삼 형제가 쌍봉리 유향소에 잡혀 왔지만 남씨 형제가 "판결에 따르겠습니다."라고 순순히 응해 다음 날 풀려났다.

　그러나 약속은 지켜지지 않았다. 남준옥 형제가 사또의 판결을 '개무시' 한다는 소문이 온 고을에 퍼지자 능주목사의 체면이 바닥에 떨어졌다. 아침 일찍 6방 회의를 소집한 이광도가 형방을 질책하였다.

"묘를 옮기지 않았는데 쌍봉리 유향소에서 남준옥 형제를 풀어준 이유가 무엇이냐?"

"쌍봉리 면임이 남준옥 형제와 친인척이라고 합니다. 면임이 양씨에게 악을 쓰며 남씨 형제 편을 들었답니다."

"허어. 감히 아전이 사사로운 감정에 관아의 판결을 따르지 않는다고? 뭐라고 악을 썼다더냐?"

　눈치를 살피며 이야기하였다.

"내일 사또 나으리 인사가 있다고 하였습니다. 사또만 바뀌면 이 판결문은 종이에 불과하다면서…."

자존심이 상한 사또가 곧바로 이방에게 지시하였다.

"괘씸한 놈들! 당장 면임을 교체하고 판결문을 새로운 면임에게 집행하도록 하여라!"

4월경, 능주목사 교체가 있을 것으로 예상한 쌍봉리 면임이 친인척 남씨 편을 들어 판결문을 무시하고 항명한 것이다.

상황은 발 빠르게 인사이동을 알아차린 쌍봉리 면임과 남준옥 형제 뜻대로 이루어졌다. 새로운 면임으로 교체하여 판결을 집행하려 했지만 정말로 1주일 후 능주목사가 교체되는 바람에 7월이 넘어서도 빈장 처는 옮겨지지 않았다.

사건을 마무리 지으려 했던 이광도는 능주목사를 마지막으로 공직에서 퇴직하였다.

1835년 7월 11일

200년 전, 전라도 시골에서도 남씨 형제는 자신들의 인맥을 동원하여 조정의 인사를 알아내는 게 가능하였다.

남씨 형제는 능주목사 인사발령을 절호의 기회로 삼았다. 수령으로 인사가 나면 왕 앞에서 충성서약 등 여러 가지 절차를 밟으면서 궁궐에 머물러야 한다.

군사권과 사법권, 행정권을 가지고 있었기 때문에 가족은 서울에 남겨

조선은 사또의 나라다

둔 채 혼자 내려가야 했다. 궁궐에서 1주일 정도 머무른 후 주위에 인사를 다니다 보면 능주까지 오는 데 보통 한 달이 걸렸다. 남씨 형제가 능주목사 인사발령을 들먹였던 이유를 알 수 있는 대목이다.

남씨 형제는 능주목사가 없는 틈을 이용하여 빈장 처를 옮기지 않고 그 자리에 본장을 치르려 하였다. 묘를 만들어 본장을 치르면 그 묘를 파내기란 거의 불가능에 가까웠다. 남씨 형제는 서둘렀고, 양씨 종가도 죽기살기로 본장을 막으려 하였다. 두 집안 사이에 사투가 벌어졌다. 힘으로 막을 수 없었던 양씨는 계속 능주 관아에 고발장을 접수하였다.

임시 수령을 맡고 있던 판관이 남준옥을 유향소에 가두라고 지시하였지만 유향소 좌수 등은 형식적으로 며칠 가두고 풀어 주었다. 관아에서 지속으로 잡아들이라는 명령 때문에 본장은 이루어지지 않았다.

드디어 신임 능주목사 이광승(李光承)이 부임하였다. 조선 시대 사법기관이었던 의금부(義禁府)에서 도사(都事)로 일했던 그는 곧바로 사건을 파악하였다. 남씨 형제가 관아로 잡혀 왔다.

"남씨 형제의 사정을 모르는 바 아니다. 의금부에서 일하면서 힘 있는 자들에게 억울하게 당하는 백성들을 많이 보아 왔다. 너희들은 무슨 이유로 관아의 판결을 따르지 않느냐? 그동안 지은 죄로 미뤄 10년은 옥에 갇혀야 할 것이다."

남준옥의 얼굴이 붉으락푸르락하였다. 그러나 형 남준홍이 공손히 이야기하였다.

"사또 나으리. 심려를 끼쳐서 죄송스럽습니다. 관아의 판결을 따르려고 했는데 하필 병든 아버님이 돌아가셨습니다. 8월15일까지 시간을 주십시오."
"아들의 도리는 해야 하니 말미를 주마. 다짐한 날까지 빈장을 옮기지 않으면 옥에 가둘 것이다."

형방이 서류를 남준홍에게 내밀었다.

"남씨가 서명한 다짐서를 양씨에게 전달하거라."

당시 소송에서 패소하면 그 사실을 인정하는 다짐에 서명한 후 서류를 승소자에게 전달하게 되어 있었다.
한 달의 시간이 주어졌지만 이를 참지 못한 양씨가 며칠 뒤 남준옥을 찾아가서 독촉한다.
화가 난 남준옥이 팔을 휘두르며 큰소리를 쳤다.

"올해 과거가 있는 것은 아마도 하늘의 뜻이다. 반드시 과거에 급제해서 돌아가신 아버지와 어머니를 합장할 것이다. 두고 봐라!"
"과거는 과거이고 빈장 처를 빨리 옮기기나 하여라."
"날마다 찾아와 봐라. 내가 눈썹이나 까딱하나!"

무슨 일만 생기면 관아로 달려간 양씨는 이날 있었던 일도 사또에게 하소연하였다.

"제발 잡아 가두어 주십시오. 그놈들은 절대로 한 달 후에도 묘를 옮기지 않을 것입니다."

날마다 찾아오는 양씨에게 이광승은 짜증이 났다.

"그만 좀 찾아오거라. 관아 일을 못 할 지경이다. 일단 기일을 정하였으니 8월 15일까지 기다려 보게."

하지만 8월 15일이 지났어도 남준옥 형제는 판결에 따르지 않았다. 과거시험에 합격하면 그 힘으로 본장을 치르려 했던 남준옥이었다. 능주 관아와 유향소 면임이 며칠을 찾아가서 설득했지만 안하무인이었다.

"신임 사또는 의금부 도사를 지낸 분이네. 전임 사또랑은 다르단 말일세. 당장 묘를 옮기지 않으면 우리도 무사하지 못할 것이네."
"본 장을 치르고 옥에 갇히겠소이다. 우리 삼 형제가 돌아가면서 2년씩 옥에 갇히면 6년이 지납니다. 6년이 지나면 우리 장지도 보존할 수 있을 것이요."

조선 시대 묘지 법을 어기면 2년 형을 받는다. 장지를 지키려는 삼 형제의 각오가 남달랐다. 이 소식을 들은 이광승은 화를 내며 9월 11일 다시 판결을 내렸다.

"남준옥을 능주 관아로 잡아 오너라."

남준옥이 능주 관아로 잡혀 왔지만 그는 뜻을 굽히지 않았다.

"2년간 옥살이를 하겠습니다."

감옥살이하겠다는 말에 할 말을 잃은 이광승은 중간 입장에 섰다.

"2년간 옥살이를 감수하겠다는데, 그렇다고 끝나는 것은 아니다. 너의 효심은 알겠다."

이방이 나섰다.

"그럼 빈장터는 어떻게 해야 합니까?"
"법에 따라 옥살이를 하겠다는데, 관아에서는 묘지 법에 따라 남준옥을 가두면 끝날 일이다. 묘를 옮기는 것은 당사자 간의 일이다."

1835년 12월 13일

3개월간 능주 관아에 갇혀 있던 남준옥에게 마지막 기회가 왔다. 얼마 전 부임한 이광승이 5개월 만에 다른 곳으로 인사발령이 난 것이다.

이광승이 한양으로 올라간 날, 남준옥은 능주 관아에서 유유히 빠져나와 집으로 돌아왔다. 이 대목에서 남준옥 형제 또한 능주지역에 제주 양씨 못지않게 영향력이 있다는 모습을 보여 주고 있다.

남준옥은 무서울 게 없었다. 돌아가신 아버지 빈장 처까지 어머니 옆에 만들어 놓고 장례를 치르려 하였다. 3, 4차례에 걸쳐 쌍봉리 유향소와 능주 관아에 잡혀갔던 남준옥은 더 무서울 게 없었다. 다급해진 양씨는 능주목사를 대행하고 있는 판관에게 청원을 올렸다.

"사또가 부재한 틈을 타서 감옥을 빠져나와 아비까지 매장하려고 합니다. 제발 삼 형제를 막아 주십시오."

　얼마 전에 능주로 내려온 판관은 사건의 자초지종을 듣고 남준옥의 행동에 놀라움을 금치 못하였다. 곧바로 유향소에 명령을 내렸다.

"이렇게까지 관아의 판결을 무시하고 저항하는 일은 처음 본다. 제주 양씨의 제사가 엄중하니 소홀히 할 수 없다. 두 빈장 처를 파내기 위해서는 남준옥을 잡아 오는 길밖에 없다."

　쌍봉리 좌수(座首) 이씨가 서목(書目)을 올렸다.

"남준옥이 완강하게 버티고 있습니다."

　화가 난 판관은 전임 사또 이광승보다 더 강하게 지시하였다.

"관아의 판결을 무시하고 묘를 파가지 않는 것은 매우 안타까운 일이다. 옥에 가두고 곤장을 때려라."

남준옥이 능주 관아에 잡혀 오고 추운 겨울에 옥에 갇히게 되었다. 다음 날 매질이 이어졌다. 그전에 형식적으로 가두었을 때와는 달랐다. 동생을 면회하고 돌아온 남준옥의 형이 부모의 빈장 처를 옮기는 것으로 결정하였다. 남준옥은 옥에서 죽겠다며 완강하게 버텼지만 어쩔 수 없었다.

12월 12일, 쌍봉리 유향소 좌수 이씨가 능주 판관에게 보고하였다.

"본 고을 쌍봉리에 갇혀있는 남준옥을 풀어 주십시오. 어제 남씨 형제들이 부모의 빈장 처를 옮겼습니다."

다음 날, 마침내 능주 판관이 지시하였다.

"길고도 복잡한 다툼이었다. 남준옥을 풀어 주어라."

지금 생각해 보면 남준옥이 억울한 지점도 있다. 양씨 종가와 가깝다는 이유만으로 부모의 묘를 쓸 수 없다니.

남씨 삼 형제에게 그렇기에 과거시험은 중요했다. 과거시험에 합격하였다고 모든 게 해결되지는 않겠지만 억울함을 풀어 주는 희망의 끈이 과거시험이었다. 그러나 그해 남준옥은 과거에 합격하지 못하고 결국 상황에 순응하고 말았다.

이 사건은 조선 후기 능주목(현재 화순군 능주면)에서 일어난 산송사건으로 10여 차례의 고발 서류가 현재까지 '한국학자료센터'에 보관되어 있다.

현재에도 이양면 쌍봉리에 양씨와 남씨의 후손들이 살고 있다. 다행히도 이들의 사이는 나쁘지 않다고 한다.

조선은 사또의 나라다

조광조는 왕도 정치(王道政治) 실현을 역설하면서 중종의 두터운 신임을 얻었다. 대사헌 자리에 오른 그는 1518년(중종 13년) 반대 여론을 무릅쓰고 현량과(賢良科)를 실시하여 신진 사림을 요직에 진출시켰다.

'위훈삭제(僞勳削除)'라 하여 공로가 없는데도 공신이 된 이들의 이름을 삭제하고 녹권(공신에게 준 문서)을 박탈해야 한다고 조광조가 주장하였다. 그러나 중종이 이를 수용하지 않자 조광조를 따르는 관리들이 들고일어나 집요하게 요구하였다.

중종은 한밤중에 조광조를 잡아 옥에 가두게 하고 국정을 어지럽게 한 수괴로 몰아 유배형에 처하였다. 유배지는 능성(화순군 능주면)으로 결정되었다. 길을 떠나자 양산보(梁山甫, 1503~1557년)를 포함한 제자들이 조광조 함께 능주로 향하였다.

정언, 수찬, 교리 등의 관직을 지낸 양팽손(梁彭孫, 1488~1545)은 기묘사화의 참화를 목격하고 고향인 능주로 내려왔다. 고향에 도착하자마자 그는 조광조를 찾아갔다.

조광조가 버선발로 나왔다. 정중하게 양팽손이 머리를 숙이며 말하였다.

"고생하셨습니다. 힘들더라도 건강은 챙기십시오. 대감."
"능주에서 우리가 만난 건 우연이 아닌 것 같소이다. 큰 뜻을 함께 이루어 나갑시다."

둘은 며칠 서로 보지 못하면 곧잘 편지로 왕래하였다. 조광조가 의금부에 갇혀 있을 때, 양팽손은 상소를 올려 누명을 벗기려고 동분서주하였다. 그러나 뜻대로 되지 않자 조광조를 따라 고향인 화순으로 내려왔다.

가장 존경하는 조광조를 고향에서 만난 양팽손은 경전을 강론할 수 있는 게 행복이었다. 조광조 또한 외로운 처지에 반가운 벗을 만나 위로가 되었다. 둘은 서로의 큰 뜻과 의중을 나누며 우정을 쌓아 갔다. 서로에 위로가 되고 힘이 되는 진정한 벗이 되었다. 둘의 의미 있는 교류가 시작되고 어느새 한 달이 눈 깜짝할 사이에 흘렀다.

그리고 1519년 12월 20일, 섣달 들어서 유달리 추운 날씨였다. 산은 온통 하얗게 덮여 있고 강은 거울처럼 얼어붙었다. 낮이 되면서 눈보라가 잠깐 멈출 때 갑자기 조광조의 사립문 밖에서 소리가 들렸다.

"어명이오!"
"흐음."

방에서 양팽손과 차를 마시던 조광조는 짐짓 짐작한 듯 겸허히 잔을 내려놓았다.

"대감!"

오히려 당황한 것은 양팽손이었다. 그의 눈에는 두려움과 슬픔이 흘러넘쳤다. 그런 양팽손을 조광조가 다독였다.

"괜찮소. 언젠가 올 일이었소. 여봐라. 문을 열거라."

의금부(義禁府) 도사(都事) 유엄(柳淹)이 나졸들을 거느리고 들어오고 있었다.

"죄인 조광조는 나와서 어명을 받으시오!"

어명을 받기 위해 조광조는 목욕한 후 깨끗한 옷으로 갈아입고 지필묵을 내어 소회를 써 내려갔다. 이어서 집에 보내는 편지를 쓰자, 의금부 도사 유엄이 재촉하였다.

"어서, 어명을 받으시오!"

아랑곳하지 않고 조광조는 거느리고 있던 사람들을 불렀다.

"내가 죽거든 선영 묘지에 고향에 옮겨 묻어라. 관은 무겁고 두꺼운 것을 쓰지 말라. 무거워 돌아가기 어려울 것이다."

그리고 집주인을 불렀다.

"내가 너의 집에 있으면서 끝내는 보답을 못 하는구나. 도리어 너의 집을 더럽히게 되었으니 이것이 한스럽다."

조선은 사또의 나라다

집주인과 하인들은 조광조의 말과 태도에 눈시울을 붉혔다. 마지막으로 양팽손의 손을 잡았다.

"임금님을 잘 보필해 주시오."
"얼마 가지 않아서 서로 만나지 않겠습니까?"

조광조는 양팽손과 마지막 말을 나누고 미련 없이 사약을 마셨다.

잠시 시간이 흐른 후 조광조는 피를 토하며 조용히 숨을 거두었다. 양팽손은 조광조의 시신을 거둔 후, 큰아들 양응기로 하여금 중조산(中條山)에 묻도록 하였다. 그 아래에 띳집을 짓고 문인들과 제자들에게 날마다 인사하게 하였다.

그 후 1568년(선조 1년), 조광조는 영의정에 추증되었으며 그 이듬해에는 문정(文正)이란 시호를 받았다. 조광조는 능주에서 유배된 지 1개월여 만에 사사되었지만 그의 정치적, 사상적 지위와 인품을 능주 사람들이 흠모하게 되었다.

1개월 동안 양팽손과 조광조는 서로 만나 학문과 시대의 흐름을 논하였다. 조광조가 죽은 후 양팽손에 의해 사우가 건립되었다.

의령 남씨 남인구 능주목사

능주에서 제주 양씨의 영향력은 남다르다. 조선 최고의 학자로 손꼽히

조선은 사또의 나라다

는 조광조의 제자가 양팽손이었고 조광조의 시신을 수습한 이도 양팽손이었다. 그래서 제주 양씨 종가 근처가 자기 땅이라 할지라도 묏자리를 쓸 수 없었을 것이다.

경국대전에 묏자리 규정이 있었지만 조선 시대는 법전보다 권력과 지위가 앞서가던 시대였다.

본인 땅에 부모를 묻을 수 없는 것은 둘째 치더라도 관아에서 오히려 힘 있는 가문의 손을 들어 주기 일쑤였다.

남준옥 형제는 무얼 믿고 사또의 판결을 무시했을까? 의령 남씨였던 남씨 형제들도 믿는 구석이 있었다.

능주목사 선생안(先生案, 능주목사 부임명단)에 따르면 두 명의 의령 남씨가 능주목사로 부임하였다. 1700년 전후로 의령 남씨 남정중이 능주목사로 부임하여 선정을 베풀자 백성들이 그를 위한 선정비를 능주면 강가 인근에 세웠다.

그의 고손자(高孫子) 남인구는 1814년(순조 14년)에 능주목사(綾州牧使)로 부임하여 고조할아버지의 선정비를 수리하였다. 선정비를 수리하면서 선정비에 글을 남겼다.

"고손자 남인구가 할아버지의 선정비를 몇 날 며칟날에 고치다."

남인구 목사가 고조부의 선정비를 고친 흔적이 지금도 비석에 남아 있다.

남인구 목사 또한 목민관의 임무를 잘 수행하였고, 읍(邑)을 잘 다스린 공을 인정받아 선정비가 세워졌다.

이렇듯 남씨 형제 집안도 능주고을에서 제주 양씨만큼이나 큰소리를 치는 집안이었다. 그래서 유향소에 가두라는 명령이 내려져도 친족인 면임이 뒤를 봐주었고 유향소 토호들도 모른 척했을 가능성이 크다. 그러나 제주 양씨의 영향력보다 부족했던지 관아에서는 제주 양씨의 손을 들어 주었다.

묏자리 살인

조선 시대는 묻힌 사람의 지위에 따라 무덤과 일정한 거리를 정하여 목축과 경작을 금지하였다.

『경국대전』에 의하면 왕의 종친은 사방 100보를 기준으로 한 품계 지위가 내려갈 때마다 10보씩 줄어들었다. 가장 높은 종친 무덤에서 약 70m 사방에 목축과 경작 또는 다른 사람의 묘를 쓸 수 없었다.

문무관은 이보다 10보씩 적었다. 이 규정된 범위 내에 묘를 쓰면 처벌을 받았다. 조선 시대 정승과 판서 등 고위직의 무덤 사방 약 50m까지는 경작을 하거나 묘를 쓰지 못하였다. 이 규정에 따르면 양씨 종가 인근에 묘를 쓰는 것은 법에 위반되지 않았다. 그래서 남준옥은 이 사실을 알고 끝까지 버텼을 것이다.

조선 시대 3대 소송사건 중 하나인 산송(山訟)사건은 전국의 수령들을 가장 골치 아프게 만들었다. 조선 시대에 묏자리는 가문의 영광과 사대부의 명예와 관련되어 있었다. 그래서 당사자들에게 목숨과 바꿀 수 있을 정도로 중요했다.

조선은 사또의 나라다

산송은 조선 후기에 접어들면서 더욱 성행하여 심각한 사회문제로 대두되었다.

다산 정약용은 지방 수령의 지침서로 저술한 『목민심서(牧民心書)』에서 싸우고 때려죽이는 사건의 절반이 산송 때문이라고 지적하기도 하였다.

조선 시대 재판의 대부분은 토지 소유와 노비소유 문제, 그리고 산지소송이었다. 재산(토지와 노비)과 조상들의 묏자리는 반드시 시시비비를 가려야 하는 대상이었다. 무덤을 몰래 파내면 정도에 따라 장 100대와 징역 3년, 장 100대와 유배 3천리 등 중벌을 받아야 했기 때문에 관청의 힘을 빌릴 수밖에 없었다.

1830년대 살인사건을 살펴보면 여성 살인이 20%를 넘었으며 음주 살인, 금전, 복수 살인 다음으로 산송 살인이 많았다.

200년 전이나 지금이나 음주와 금전 문제 그리고 여성 살인이 만연했다는 걸 알 수 있다. 여성 살인이 높았던 이유는 여성의 지위가 낮은 이유로 폭력에 노출된 조선의 사회상과 맞닿아 있다.

산송 문제는 조선 사회를 이해하는 중요한 자료이기도 하다. 묏자리 다툼은 상대적으로 부유했던 전라도 지역에서 자주 발생했고 가난했던 황해도 지역은 묏자리 다툼보다는 금전 문제로 많은 살인이 발생했다.

참고문헌 및 자료

『경국대전(經國大典)』

최승희, 『증보판 한국고문서연구』, 지식산업사, 2003

정두희, 『조광조』, 아카넷, 2001

김덕진, 『소쇄원 사람들』, 다할 미디어, 2007

『학포 양팽손의 도학과 의리 사상』, 학포 양팽손 선생 연구회, 2007

『화순군지』, 화순 군지 편찬 위원회, 2012

『부산 사학』, 「정암 조광조의 정치 사학」, 부산 사학회, 1983

경호, 박석무, 송재소, 임형택, 성백효, 『여유당전서-시문집(시)』

문현주, 「조선후기 호구단자(戶口單子)와 준호구(準戶口)의 작성과정 연구-경주부(慶州府)의 호구단자와 준호구를 중심으로-」, 『고문서연구』 42집, 2013

한국학 자료 센터

조선은 사또의 나라다

4장

추운 겨울을 나려고

먹고 튀어라!
영암군수(靈巖郡守) 이문빈

1618년(광해군 10년) 10월 19일 전라남도 영암

전라남도 영암에 새로운 군수가 온다는 소문이 파다했다. 백성들은 바르고 어진 군수가 임명되어 영암이 살기 좋은 고을이 되기를 바랐다. 저 잣거리에는 신임 군수에 대한 이야기로 종일 시끄러웠다.

"그래 누가 온대?"
"글쎄. 누가 오든 제대로 된 사람이 왔으면 좋겠네."
"자네들 아무도 못 들었는가?"
"무엇을?"
"이문빈이랴. 이문빈."
"이문빈? 그 이문빈!!"

이문빈이라는 이름을 듣자마자 백성들은 모두 입을 다물고 집으로 들어가 버렸다. 넘쳐나던 저잣거리의 말하기 좋아하던 이야기꾼들도 모두

사라졌다.

수단과 방법, 염치나 체면을 차리지 않고 가는 곳마다 재물을 긁어모으는 이문빈(李文豳)이 덕천(德川)·영암(靈巖) 군수로 임명되었다. 메뚜기처럼 가는 곳마다 마지막 한 톨까지 털어먹고 튀는 최악의 벼슬아치로 알려진 이가 바로 이문빈이었다.

그가 가는 곳마다 백성의 고혈을 짜내어 온 고을이 텅 비게 되었다는 기록이 정사에 남아 있을 정도이다.

"이문빈은 서얼이었고 윗사람을 잘 섬기어 수령에 제수되었다. 그런데 전후 가는 곳마다 극심하게 '걸태질'을 하여 관리와 백성들이 모두 떠나가 온 고을이 텅 비게 되었다. 그 뒤에도 또 다른 곳으로 옮겨 갔다." 『광해군일기, 1622년 11월 5일』

조선 시대 영암군(靈巖郡)은 물산이 풍부하고 지역이 넓은 데다 군사적 요충지여서 신임 군수를 임명할 때 조정에서 신경을 쓰는 지역이었다.

소위 요직이었던 영암군은 활을 쏘지 못하는 문관은 부임하기조차 힘든 곳으로 조정에서 적임자를 찾는 논의가 잦았었다. 이런 곳에 이문빈이 부임하게 된 배경은 광해군의 측근과 결탁이 있어서 가능하였다.

11년 전, 지평 현감으로 일하면서 그는 재물을 긁어모으다 사헌부에 발각되어 파직되었지만 모아둔 재산으로 뇌물과 조공을 쏟아부어 얼마 지나지 않아 다시 고을 수령으로 임명되었다. 그는 백성이 힘들든 말든 전혀 관심이 없었고 오직 재물에 눈이 먼 사또였다.

고양이에게 생선 가게가 맡겨졌다.

"정언 정문익(鄭文翼)이 아뢰기를 영암군(靈岩郡)은 두 영(營)의 사이에 끼어 있어서 갖가지로 폐해를 받아 날이 갈수록 잔폐해지고 있습니다. 더구나 근년에는 수령들이 자꾸 바뀌었는데 참으로 적임자가 아니면 수습하기가 어렵습니다. 새 군수 홍창세(洪昌世)는 성품이 본래 탐욕스럽고 나이도 늙어 본직에 맞지 않습니다. 파직하도록 명하고 잘 억눌러 다스릴 수 있는 이름있는 문관으로 대임자를 각별히 가려 뽑아 보내소서." 『광해군일기, 1612년 10월 13일』

"헌부가 아뢰기를 지평 현감(砥平縣監) 이문빈(李文賓)은 성질이 본디 탐오하여 백성을 보살필 생각은 하지 않은 채 재물을 긁어모으는 일만 하였습니다. 아전이 농간을 부려 백성들이 그 피해를 입고 있으니 파직을 명하소서." 『선조실록, 1607년 2월 30일』

이문빈의 인간 됨됨이가 선조실록 곳곳에 기록 되었지만 전혀 개의치 않았는지 그는 좋은 자리로 인사발령이 났었다.

1594년 지평현감으로 일하면서 그의 악행은 최고조에 달하였다.

이문빈은 고을의 안위를 돌보기는커녕 민생은 뒷전이었고 다양한 명목으로 관고를 사유화했을 뿐 아니라 늘 지역 토호들과 상인들에게 접대받고 그 자리에서 그들을 압박하여 뇌물을 받았다.

그날도 관청에서 업무를 봐야 할 벌건 대낮이었지만 이문빈은 개의치 않고 관기들을 불러 술판을 벌이고 있었다.

"사또, 이것이 두꺼빕니다. 두꺼비. 사또를 평생 지켜 줄 놈입죠."

"오오. 요놈 참 금빛으로 반짝반짝하는 것이 실하구나."

"하하. 사또 나으리의 높으신 덕망에 비하겠습니까. 저 사또 요번에 제 아들놈이 술을 먹고 실수를 좀 하였는데…."

"걱정 말게. 사내가 술도 먹고 그러다 보면 험한 일도 겪는 법이지. 다 호연지기 아니겠는가."

이문빈은 황금 두꺼비가 든 보따리를 자신의 술상 아래 챙겨 두고 소리 쳤다.

"여봐라. 아무도 없느냐? 지금 당장 옥에 가둔 이 자의 장남을 풀어 주 어라."

"아니되옵니다!!"

사또의 명령이 떨어지자마자 이를 반대하는 여인의 목소리가 들렸다. 일동은 소리가 나는 곳으로 고개를 돌렸다.

그러자 사또 잔칫상에 올라갈 음식을 만들던 여인이 하던 일을 팽개치 고 이문빈 앞에 무릎 꿇고 머리를 조아렸다.

"죄인을 풀어 주다니요. 안 됩니다. 사또."

"너는 누구냐?"

"그 자에게 맞아 죽은 남자의 아내입니다."

"그래? 고해 보거라."

"저희 남편이 저와 어린 딸을 먹이고자 옆 마을에 가서 품을 팔아 쌀을

조선은 사또의 나라다

가져오고 있었습니다. 그런데 술 취한 사내 무리들이 괜히 시비를 걸어 쌀을 뺏고 남편을 구타하여 죽였습니다. 그런 죄인을 풀어 주다니요. 제발 억울함을 풀어 주시고 뇌물로 죄를 무마하려는 그 일가를 엄히 다스려 주소서."

"증거가 있느냐?"

"예?"

"니 말이 사실이라는 증거가 있느냔 말이다."

"그것이…."

"직접 보았느냐?"

"직접 본 것은 아닙니다. 허나 저잣거리의 사람들이 모두 지켜보았습니다."

"여봐라. 이방과 형방. 누구 이 말을 증언해 준 이가 있느냐?"

"사또. 그 사건에 아무도 증언하러 온 자가 없사옵니다."

여인은 상황이 이상하게 돌아가는 분위기를 느끼고 다급하게 읍소했다.

"나리. 지금 지역 토호들과 향리들이 백성들을 괴롭히고 온갖 악행을 저질러 사람들이 못 살겠다고 아우성입니다. 부디 살펴 주시옵소서."

"이런 고얀년! 너는 어찌 증거도 없는 이야기로 모함을 일삼으며 본분에 충실한 관리들을 고발하느냐."

"그렇지 않사옵니다."

"닥쳐라! 그리고 뇌물이라니! 그렇다면 내가 청탁이나 받고 뇌물이나 받아먹는단 말이냐!"

이문빈은 불같이 화를 냈다.

"당장 이년을 거꾸로 달아라."

사내들이 나와 여인의 머리채를 잡았다. 여인은 비명을 질러 댔지만 이문빈이 어떤 자인지 알기에 아무도 나서지 않았다. 자칫 자신도 화를 입을 수 있기 때문이다.

"당장 옷을 벗기고 매질을 해라!"

여인은 그 자리에서 거꾸로 매달렸다. 살려 달라는 그녀의 절규 따위 무시당했다.

"사간원이 아뢰기를 굶주린 백성들이 길에서 호소하기를 '창고지기와 하인(下人)들이 양식을 도적질하여 처자와 친척을 배부르게 먹이고 있으므로 굶주린 백성들이 고루 얻어먹고 살 수가 없다'고 하였습니다. 헌부에서 소문에 의하여 색리(色吏)를 추궁하여 다스렸는데 이문빈(李文賓)이 즉시 호소한 여인을 잡아 발가벗겨 종일토록 거꾸로 달아매 놓고 그의 의복을 모두 찢어 놓아 보는 이들이 모두 놀라지 아니하는 이가 없었습니다. 이미 하인배들을 제대로 단속하지 못하여 제멋대로 도적질하게 해 놓고는 도리어 굶주린 백성이 고발한 것을 화내어 함부로 법도에 어긋나는 짓을 행하였으니 법사(法司)를 능멸하고 거리낌 없이 분풀이한 것이 심합니다. 부디 파직하소서." 『선조실록, 1594년 3월 12일』

조선은 사또의 나라다

굶주린 백성, 그것도 여인이 아전들의 비리를 고발하였는데 그 여인을 종일 거꾸로 매달아 놓고, 옷까지 찢은 만행을 저질렀다.

양반들이 노비의 죄를 다스리기 위해 거꾸로 매달아 놓고 코에 잿물을 붓는 '비공입회수형'이 당시 공공연히 자행되었다.

이문빈은 그 여인을 하찮은 노비로 간주하고, 상상할 수 없는 악행을 저지른 것이다. 이처럼 사람이기를 포기한 인간이었지만 그는 파직 이외의 형벌은 받지 않고 1~2년 후에 다시 좋은 자리로 복직하였다.

그는 가는 곳마다 악행을 저지르고 재물을 모아 평생 부귀영화를 누릴 줄 알았겠지만 다행히 정의는 살아 있었다.

가는 고을의 모든 곳간을 먹고 튀었던 그는 2년 동안 영암에서 얼마나 많은 부를 축적했을까?

임기가 끝나고 후임 사또가 왔을 때 관고의 물건을 인수인계하는 '해유(解由, 임기가 만료된 관리가 후임자에게 인수인계를 마치고 그 책임을 면하는 일)'를 그는 거부하였다.

해유를 하지 않으면 고을에 보관되어 있던 여러 가지 물건들이 사또나 아전 그리고 토호들의 먹잇감이 되었다. 국고의 곡식이 축나고 전세(田稅) 및 공물이 납부되지 않는 것이 바로 이 때문이다. 그래서 광해군 시절 해조(該曹)에서 이 법을 다시 시행토록 하였으나 이문빈은 이를 무시하고 강원도 영월(寧越)로 떠나 버렸다.

영월군수와 고원군수(高原郡守, 함경남도)로 자리를 옮겨 관고의 재물에 눈독을 들이던 중 호조(戶曹)에서 이문빈의 영암군 횡령 사건을 광해군에게 고발하였다.

이문빈이 고원군수로 부임하기 몇 해 전, 그의 사위 기익헌(奇益獻)

이 궁궐재건에 공을 세워 광해군의 특명으로 고원군수가 되었다. 장인과 사위가 고원군을 쑥대밭으로 만들려던 참에 이문빈이 탄핵된 것이다.

"호조가 아뢰기를 고원군수(高原郡守) 이문빈(李文賓)은 전임 덕천(德川)・영암(靈巖) 두 고을에서 해유를 받지 않았습니다. 영암군 재임 기간 내에 전세(田稅) 및 별수미(別收米)・작미(作米)의 미수 된 수량이 무려 4천여 석에 이르고 있습니다. 이러한 자를 해조가 왜 고원군수로 제수하였는지 참으로 알 수 없습니다. 국법을 다시 밝혀 시행하는 초기에 그가 어떻게 버젓이 부임하여 국가의 금석과 같은 법을 무너뜨릴 수 있단 말입니까. 이문빈을 중벌로 추고하고 부임시키지 말도록 하여 해유의 법을 중하게 하소서."『광해군일기, 1623년 1월 20일』

쌀 한 석(144kg)은 현재 약 40만 원에 거래되고 있는 점을 고려하면 영암군수로 2년 동안 일하면서 16억 원어치의 쌀을 훔친 것이다.

─────
사필귀정(事必歸正)

"대감, 이것이 대대로 복을 가져다준다는 황금 두꺼비입니다. 제 성의를 받으시고 이번에 좋은 자리하나 신경 써 주십시오."
"이보게 문빈. 지금 때가 어느 땐데 이런 뇌물을 바치는가. 같이 죽기라도 하자는 겐가?"

"예? 저는 그것이 아니오라….”

"그러게. 적당히 해 먹었어야지. 지금 조정에 자네를 벌하라는 상소문이 한가득이네. 옛정을 생각해서 하는 충고이니 그동안 쌓은 재산 모두 환원하고 헌부에 스스로 죄를 고하여 임금에게 용서를 구하시게.”

그러나 이문빈은 귓등으로도 충고를 듣지 않았다.

"돈 있는 놈은 죽지 않는 법. 언젠가 꼭 재기하고 말겠다.”

먹튀의 달인 이문빈. 그러나 그의 운이 다되었는지 파직되고 2개월 후, 광해군이 인조반정으로 폐위되고 말았다. 이문빈 또한 광해군 측근들과 호의호식했던 행적이 드러났다.

그해 음력 3월, 이문빈의 대궐로 관졸들이 들이닥쳤다.

"놔라! 이놈들 내가 누군지 아느냐? 다 목이 달아나고 싶은 것이냐.”

"죄인. 이문빈은 듣거라. 부임하는 고을의 모든 관고와 백성들의 곳간을 빼앗은 죄, 뇌물을 받고 청탁을 들어주어 나라의 부패를 가중시킨 죄, 백성들의 목숨을 함부로 하고 자신의 업무에 소홀한 죄 등. 일일이 나열할 수 없는 수많은 죄를 행한바 참수에 처한다. 그리고 그가 부정하게 축적한 재산은 모두 몰수하고 이를 알고도 모른 척한 가족들은 모두 노비로 삼을 것이다.”

조선은 사또의 나라다

그렇게 돈으로 모든 것을 해결할 수 있을 줄 알았던 이문빈은 처형되었다. 그가 죽기 살기로 모았던 재산은 몰수되고 가족은 모두 노비가 되었다. 그야말로 사필귀정이 행해진 것이다.

참고문헌

『광해군일기(光海君日記)』

『선조실록(宣祖實錄)』

『인조실록(仁祖實錄)』

『승정원일기(承政院日記)』

역모를 주도한 사또
담양부사(潭陽府使) 심유현

"니가 박미귀냐?"

"뉘시오?"

"이번에 담양으로 부임한 사또 심유현이다."

  옥에 갇혀 있던 박미귀는 자신의 생사여탈권을 쥔 사또 앞에 머리를 조아렸다.

"아이고. 사또. 한 번만 살려 주십시오."

"한 번만? 목숨에 두 번만도 있더냐?"

"예?"

"내 오늘 널 이 자리에서 살려 주마. 대신 한 번 죽은 목숨. 너를 담양부 아전으로 삼을 테니 나와 함께 거사를 도모하지 않겠느냐?"

"살려만 주시면 무슨 일이든 하겠습니다. 사또."

3~4년 전 이유수(李有壽)가 담양부사로 있을 때, 이방이었던 박미귀는 관아의 돈과 곡식을 훔치고 이 곡식으로 환곡 놀이를 하여 백성들에게 큰 피해를 주었다. 여기에 그치지 않고, 전라도 감영 각처와 경리청(經理廳, 북한산성을 관리하는 관청)의 재물을 훔친 대도(大盜)였다. 무려 2만 7천 냥을 빼돌린 그를 잡기 위한 전담팀이 꾸려졌지만 수년간 잡히지 않았다.

  전라감영 곳곳에 박미귀의 끄나풀이 포진되어 있었고 정보가 수시로 새어나가 현상금이 걸렸어도 여유롭게 도망 다녔다. 박미귀에게 뇌물을 받지 않은 관원이 없을 정도여서 담양뿐만 아니라 전라도 전체가 그의 손아귀에 놀아났다.

  그러던 중 이광좌(李光佐)가 북한산성 책임자로 있을 때 전라감사와 수령들에게 비밀리에 공문을 보내어 박미귀를 잡는 데 성공하였다.

  당시 담양부에서 박미귀를 모르면 간첩이었다. 모략과 술수가 뛰어난 박미귀를 어떤 이유에서인지 담양부사 심유현(沈維賢)이 죄를 물어 벌하지 않고 도리어 아전으로 임명하였다.

  그리고 얼마 뒤 야심한 밤. 심유현은 박미귀와 책방(冊房, 담양부사 비서실장) 유봉사(柳奉事), 관아 노비들을 담양부 화약고 앞에 모았다.

"화약고를 당장 비워라."

  심유현의 명령으로 화약고 안의 화약 4천 2백 근과 유황 5근, 화전 철대(火箭鐵臺) 3개, 화전 철정(火箭鐵釘) 5개, 철추(鐵錐) 2개, 화약 침구(火藥砧臼) 9개 등 엄청난 양의 무기를 옮겼다.

임진왜란 당시 수군이 확보한 화약이 약 4천 근으로 담양부 화약고에서 나온 화약만으로도 전쟁을 치를 수 있을 정도의 양이었다. 화포가 전국적으로 보급되면서 고을마다 화약고를 지어 화약을 관리하였는데 담양부에서 전라도 화약의 대부분을 관리하고 있었다.

"수고들 하였다. 거사가 성공되면 너희들을 관아 노비에서 해방해 주겠다. 또한, 용맹하게 싸운 자는 벼슬까지 주겠노라."

관노 20여 명이 기뻐하며 서로 얼싸안았다. 노비에서 해방될 수 있다는 기쁨보다 자신들도 양반이 될 수 있다는 생각에 심장이 두근거렸다.

"사또 나리를 따라 지옥문까지 함께 가겠습니다."

박미귀가 심유현에게 다가가 조용히 귓속말하였다.

"뒤탈이 없도록 전부 죽여야 합니다."
"아니다. 근왕(勤王)을 명분으로 우리의 군사로 이용할 것이다. 자네는 전라도를 총괄하는 책사로 임명할 터이니 그리 알아라."
"저 박미귀를 믿고 맡겨 주십시오. 사돈에 팔촌까지 끌어들이겠습니다."

심유현은 노비들을 시켜 화약고에 건초더미를 채웠다. 그리고 직접 불씨를 던져 넣었다.

조선은 사또의 나라다

"태인현감 박필현(朴弼顯)과 전라감사 정사효(鄭思孝)도 우리와 함께하기로 하였다. 유봉사는 화약 4천 근과 각종 무기가 모두 소실되었다고 전라감영에 거짓 장계를 올려서 보고하여라."

"예! 사또."

"미귀 자네는 화약을 동헌으로 가져가서 한 봉에 열다섯 근씩 열여섯 봉을 싸거라. 그리고 그것들을 책임지고 남태징(南泰徵), 이유익(李有翼) 대감에게 전달하면 된다."

"상인처럼 짐을 꾸려서 올라가겠습니다. 그러려면 노인과 아녀자도 필요합니다. 사또께서 사람을 추천해 주십시오."

"좋은 생각이구나. 누가 좋을 것 같으냐?"

"죄송합니다만 사또의 첩기(妾妓)의 아비 이시형(李時衡)과 기녀(妓女) 국부용(鞠芙蓉)의 아비 국시건(鞠時建)이 그동안의 함께 하였으니 데려가겠습니다."

심유현은 시뻘건 화마가 화약고를 송두리째 집어삼키는 모습을 결연한 눈빛으로 지켜보았다.

"반드시 매형의 원수를 갚으리라."

심유현의 얼굴이 벌겋게 달아올랐다. 심유현은 경종의 첫 번째 왕비인 단의왕후의 동생으로 경종의 독살설을 퍼트린 장본인이었다.

새해 첫날, 담양부 아전뿐 아니라 기생, 관노 그리고 그들의 가족까지 역모에 동원되었다.

반정에 성공하면 전라감사 자리를 주겠다는 약속에 박미귀는 일사불란하게 움직였다. 심유현이 박미귀를 데려온 이유가 있었다. 판단력이 빠르고 속임수가 뛰어난 박미귀는 전라감영뿐 아니라 수도의 관문인 북한산성 관리들까지 뇌물로 포섭하여 화약과 무기를 서울로 무사히 보낼 준비를 마쳤다.

무신이었던 남태징은 당시 포도대장으로 군사 총책임자였으며 사헌부 지평을 지냈던 이유익은 이인좌, 정희량과 함께 반정을 총괄한 책임자였다.

담양부에서 심유현이 화약과 무기를 준비하고 있을 때 나주목에서는 나씨 문중이 나섰고 태인현감 박필현은 근왕(勤王)의 명분을 내걸고 종형 박몽필을 대장으로 삼아 군사와 말을 징발하고 조련하였다.

전라도뿐만 아니라 영조를 몰아내기 위해 1년 전부터 충청도와 경상도에서도 조용히 반정을 준비하고 있었다. 이인좌는 재산을 모두 털어서 말을 미리 사두고 입을 군복도 사전에 준비하였다.

경상도의 정희량은 할머니의 묘를 옮긴다는 명분을 내걸고 군사를 모았다. 그는 1년 전에 서울로 올라가 혼수용 비단을 사서 깃발을 만들었다. 드디어 1728년 3월, 이인좌가 거병의 총책임자를 맡았고 경상도는 정희량(鄭希亮)·김홍수(金弘壽), 전라도는 전라감사 정사효와 나주의 나씨 문중, 태인현감 박필현(朴弼顯), 담양부사 심유현이 거병(擧兵)을 추진하였다.

이 역모는 이인좌가 중심이 되었기 때문에 '이인좌의 난'이라고 하며 무신년에 일어났기 때문에 '무신란'이라고도 한다.

경종이 재위 4년 만에 갑자기 사망하자 영조의 '독살설'이 단의왕후의 남동생 심유현 등 소론 과격파를 통해 돌기 시작했다.

경종의 임종을 지켜본 심유현의 발언이 태풍의 눈이 되었다. 심유현은 연잉군(영조)이 어의(御醫)의 경고를 무시하고 올린 인삼과 부자(附子, 바꽃의 어린뿌리)를 먹은 후 경종이 숨진 것을 주목하였다. 발언은 부풀려져 연잉군이 경종에게 게장과 생감을 먹여 죽였다는 소문이 퍼졌다.

경종이 게장과 생감을 먹은 후 앓다가 죽은 것은 조선왕조실록에서 확인되는 사실이다.

경종이 사망한 후 입지가 좁아진 소론과 남인이 합세하여 영조를 몰아내고 소현세자의 증손인 밀풍군(密豊君) 이탄(李坦)을 추대하려는 모의가 시작되었다.

영조가 즉위하자 심유현은 영천(永川) 군수에 제수되었고 다음 해, 한성부 판관으로 자리를 옮겼다. 서울로 올라온 그는 만나는 사람들을 붙잡고 경종 독살설을 퍼트렸다.

경종의 처남을 죽일 수도 없는 노릇이어서 영조는 1728년(영조 4년) 심유현을 전라도 담양부사로 발령냈다. 오히려 심유현에게 기회가 찾아왔다. 담양부는 전라도에서 군사적 요충지이면서 가까운 거리에서 태인현감 박필현이 반정 준비를 하고 있었다.

담양부사로 부임하자마자 그는 화약과 무기를 빼돌리고 화약고에 불을 질렀다. 그리고 같은 편으로 믿었던 전라감사 장사효에게 허위보고를 하였다.

장사효는 보고를 받아들이려 하였지만 전라병사(兵使) 조경(趙儆)이 이를 수상히 여기고 심유현의 뒤를 캤다.

"심유현이 본부의 화약고에 화재가 발생하였음을 보고하였다. 담양 부사 심유현(沈維賢)이 1월 1일 해시에 본부(本府)의 화약고(火藥庫)에서 화재가 발생하여 창고가 불에 타서 흔적도 없어졌고 화약 4천 2백 13근이 모두 불탔다고 감영(監營)과 병영(兵營)에 보고하니 감사(監司) 정사효(鄭思孝)와 병사(兵使) 조경(趙儆)이 조정에 알렸다. 살펴보건대, 심유현의 보고에 군기고(軍器庫)에 불이 붙어 화약 4천 2백여 근과 기타 각종 군기를 남김없이 불태웠다는 것은 곧 모역(謀逆)인데 정사효 등이 어찌 이를 모를 이치가 있겠습니까마는 감히 실화(失火)로 보고했으니 실로 천지 사이에 용납할 수 없는 흉역(凶逆)입니다." 『영조실록, 1728년 1월 27일』

　전라감사는 포섭되었지만 군 업무를 총괄하는 전라병사(全羅兵使) 조경이 담양부 관원과 아전을 조사하겠다고 나섰다. 그러나 심유현은 이를 거절하였고 조경은 심유현을 자신의 권한으로 파직시켰다.
　당시 담양부사를 파직할 권한이 없었던 조경이 심유현의 역모를 눈치채고 군사권을 동원하여 2월 17일 파직시켰다. 이때까지도 조정에서는 병사(兵使, 지방군 총괄책임자)가 수령을 파직한 것은 전례(前例)가 없던 일이니 장계(狀啓, 조정에 보내는 보고서)를 도로 보낸 후 조경에게 죄를 물어야 한다는 목소리가 높았다.

조경은 후에 역모에 가담한 심유현을 파직시킨 일로 살아남는다.

박미귀를 통해 무기와 화약을 운반하려던 심유현은 직전에 담양부사에서 파직당하고 자신의 세력을 데리고 태인현감 박필현과 합류하였다. 오히려 4천근이 넘는 무기와 화약은 박필현과 박몽필에게 큰 힘이 되었다. 한 달 후 이들은 반란을 일으킨다.

"박필현이 반란을 꾀하다. 태인현감(泰仁縣監) 박필현(朴弼顯)이 군사를 일으켜 반란을 꾀했는데 전주(全州) 삼천(三川)에 이르렀다가 군사가 궤멸해 도주하였다. 그의 종형(從兄) 박필몽(朴弼夢)이 무장(茂長)으로 귀양가니 함께 의논하고 군사를 일으키고자 태인 현감에 부임되기를 도모하였다. 부임한 후에는 몰래 담양부사 심유현(沈維賢)과 함께 모의하였다. 청주의 변이 일어난 후 19일에 근왕(勤王)한다는 핑계로 경내의 병마를 징발하고 관속(官屬)을 단속하여 3일 동안 조련(操鍊)하면서 관문(官門)에다 진을 쳤다. 감사 정사효(鄭思孝) 역시 박필현과 함께 모의하고 기일을 약속해 군사를 일으키기로 했었는데, 성품이 본래 교활한 정사효가 조정에서 준비하고 있는 것을 알고 문을 닫고 맞아들이지 않았다. 천총(千摠)이 일이 성공하지 못할 것을 알고는 징을 쳐서 군사를 후퇴시키니 군병이 일시에 놀라 흩어졌다." 『영조실록, 1728년 3월 25일』

3월 15일, 이인좌가 청주성을 점령하자 박필현과 심유현이 아무 걱정 없이 전주성으로 들어갔다.

하지만 조정에서 반정을 눈치채고 반격할 준비를 하고 있다는 사실을 안 전라감사 정사효가 배신하고 성문을 열어 주지 않았다. 오히려 박필

조선은 사또의 나라다

현과 심유현 일당을 공격해 왔다.

　생각지도 못하고 당한 터라 군사들은 흩어졌고 박필현은 고부군 흥덕에서 박필몽은 상주에서 체포되어 참형 되었다.

　며칠 후 박미귀가 잡혀 와 의금부에서 혹독한 고문을 당하였다. 1년 가까이 심유현과 계획을 세웠던 이야기를 모두 실토하였고 그의 입 밖으로 나온 이름은 살아남을 수 없었다.

　역적으로 몰린 박미귀는 두 아들과 함께 참수되었고 갓 태어난 손자까지 모든 가족이 노비가 되었다.

　천하의 모사꾼 박미귀는 아전이었지만 활약상이 대단하였다. 그래서 영조가 직접 의금부에 박미귀가 누구인지를 물어보았다. "상놈인가? 양인인가?"

"역적 박미귀(朴美龜)의 가족을 노비로 삼는 등 연좌를 시행하겠다는 의금부의 보고. 박미귀의 장남 박진규(朴晉奎), 차남 박이규(朴履奎) 등은 현재 담양부(潭陽府)에 갇혀 있는데 도사를 보내 교형(絞刑)에 처하고 그의 처 원씨(元氏)는 함경도 홍원현(洪原縣)의 계집종으로 삼고 첩 끗덕(旕德)과 8살 된 첩의 아들 갓금(乫金), 4살 된 갓남(乫男), 2살 된 갓동(乫東)은 모두 나이가 차지 않았으니 정평부(定平府)의 노비로 삼고 며느리 강씨(姜氏)와 손녀 살아기(乷惡只), 손자 살탁아기(乷卓惡只)는 모두 함흥부(咸興府)의 노비로 삼고 아들 박진규의 첩 우점(右占), 올해 태어난 손자 박호걸(朴好乞), 손녀 일선(一仙)·이선(二仙)·삼선(三仙)은 모두 전라도 창평현(昌平縣)의 노비로 삼고 며느리 정녀(鄭女), 손자 박덕중(朴德重)은 모두 화순현(和順縣)의 노비로 삼고 동성(同姓) 조카 박이문(朴以文)은 함흥부에 유 3000리(里)로 안치하는 게 어떻겠습니까?"
『승정원일기, 1728년 6월 10일』

자신을 대원수라 칭한 이인좌는 안성에서 패하자 죽산으로 도피하였으나 도순무사 오명항(吳命恒)이 이끄는 관군에게 패하였다.

3월 26일, 영조 앞에서 역모 사실을 진술하고 이튿날 대역죄로 능지처참 되었다. 전주에서 체포된 심유현은 서울로 압송된 후 영조가 직접 국문하였다. 그리고 4월 4일 참수되었다. 전라감사 장사효는 비록 박필현과 심유현에게 성문을 열어 주지는 않았지만 역모에 가담하였다 배신한 사실이 밝혀져 참수되었다.

심유현의 아들과 가족은 참수되거나 노비가 되지는 않았다. 누나가 왕후였기 때문이다. 조선 시대 왕의 친족은 연좌제를 적용하지 않았다.

심유현이 매형 경종의 죽음에 복수하기 위해 거병하지는 않았을 것이다. 실제 영조가 경종을 독살한 근거는 없기 때문이다.

근왕의 대의명분에 반하는 백성의 고혈을 짜는 아전으로 유명한 박미귀를 앞장세운 것을 보면 그는 자신의 입신양명을 위하여 역모에 참여한 게 아닌가 싶다.

심유현은 1908년(순종 1년), 매국노로 유명한 내각 총리대신 이완용(李完用)과 법부대신 조중응(趙重應)의 건의로 사면되었다.

참고문헌 및 자료

『경종실록(景宗實錄)

『영조실록(英祖實錄)』

『순종실록(純宗實錄)』

『승정원일기(承政院日記)』

『비변사등록(備邊司謄錄)』

『영조무신별등록(英祖戊申別謄錄)』

『남정일록(南征日錄)』

『감란록(戡亂錄)』

[네이버 지식백과] [심유현(沈維賢)] (한국민족문화대백과, 한국학중앙연구원)

[네이버 지식백과] [이인좌의 난(李麟佐─亂)] (한국민족문화대백과, 한국학중앙연구원)

억울한 죽음을 맞은 사또
나주목사(羅州牧使) 최환

1510년 삼포왜란(三浦倭亂)과 1544년 사량진왜변 등 왜구의 행패가 있을 때마다 조선은 왜구와의 무역을 제재하였다. 조선으로부터 물자를 받아야 했던 왜인들은 완화조치를 요구였으나 조선은 이에 응하지 않았다.

통제에 불만을 품은 왜구는 1555년(명종 10년) 5월, 60여 척의 배를 이끌고 남해안으로 침입하면서 을묘왜변이 일어났다.

왜구는 어란도·장흥·영암·강진 등 일대를 횡행하면서 약탈과 노략질을 하였다. 이를 막으려던 전라 절도사 원적(元積)과 장흥부사 한온(韓蘊) 등은 전사하고, 영암군수 이덕견(李德堅)은 왜구에 사로잡혔다.

왜구의 약탈이 심각해지자 명종은 호조판서 이준경을 도순찰사로 김경석·남치근을 좌·우방어사로 각각 임명하여 전라도로 보냈다.

이준경은 영암으로 김경석은 영산강 일대 영산진으로 남치근은 나주로 내려갔다. 전시상황에서 방어사가 내려오면 인근 수령이 직접 맞이하여 군사권을 내주고 방어사의 지휘에 따라야 했다.

남치근의 선발대가 나주목 초입에 도착하였는데 나주목사 최환의 모습이 보이지 않았다. 관원과 하인 몇몇만이 선발대를 맞이하였다. 이를 못마땅히 여긴 남치근의 오른팔 소막(蘇邈)이 관원들을 향해 거들먹거리며 험한 말을 내뱉었다.

"너희들이 변변찮아 직접 은혜를 베풀어 왜구를 토벌하기 위해 한양에서 밤새 달려왔다. 배가 고프니 당장 음식이랑 소주를 내오너라."

　관원과 하인들이 어이없다는 표정을 지으며 퉁명스럽게 대꾸하였다.

"왜구를 토벌하러 왔으면 정신을 바짝 차리고 경계에 임해야 하는데 술을 마시고 어떻게 전장에 나가서 왜구를 물리친단 말이오?"
"이놈들이! 내가 남치근 방어사님의 직속 부장이다. 누구 앞이라고 주둥이를 함부로 놀리는 것이냐? 목이 베이고 싶으냐?"

　차림새는 나주목 하인들과 다를 바 없는 소막이 방어사를 등에 없고 반말을 지껄이며 삿대질을 하였다. 그 위세가 가관이었다. 도리없이 하인들이 음식과 소주를 가지고 왔다.

"여기 있소. 왜구와 싸워야 하니 조금만 가져왔소!"

　서너 잔을 눈 깜작할 사이에 들이킨 소막 일행이 행패를 부렸다.

"더 가져오거라. 전장에 나설 장수에 대한 대우가 형편 없구나."
"그만 하시오. 그 음식도 귀한 것을 나누어 준 것이오."

소막은 버럭 화를 내고 술잔을 집어 던졌다. 그리고 자신에게 직언을 한 관원의 멱살을 잡았다.

"니 놈이 진정 죽고 싶은 게로구나."
"그만!"

덩치가 큰 나주 관아의 판관이 나섰다.

"멀리서 우리를 도와주러 와 준 것은 고마우나 행동이 지나치구나. 소란 스럽게 하지 말고 이쯤에서 멈추거라."

소막은 판관의 위세와 딱 봐도 무인인 체격에 기가 죽었다.

"흥! 두고 보거라. 오늘 일은 후회하게 될 것이다."

전시에 술과 음식을 먹으며 행패를 부리는 소막 일행의 행동거지를 보면 남치근 부대의 군령이 해이해져 있었다는 것을 한눈에 알 수 있다.
뒤늦게 방어사 남치근이 나주에 도착하였다. 당연히 나주 목사가 마중을 나와 자신을 맞이할 것이라 예상했던 남치근은 썰렁한 나주목의 대우에 화가 났다. 게다가 나주목사 최환(崔渙)이 갑자기 흉복통(胸腹痛)

을 앓게 되는 바람에 얼굴을 비추지 못 하였다. 최환이 없는 걸 알게 된 남치근이 이유를 묻지도 않고 버럭 화를 냈다.

"나주목사 최환은 어디 있느냐! 감히 방어사가 왔는데 코빼기도 안 보이다니!"

관원과 하인들은 방어사의 화에 어찌할 바를 몰랐다.
1552년, 왜구 침입 때 제주목사 김충렬(金忠烈)을 대신하여 후임으로 내려간 남치근이 왜구를 격파하였다. 무관(武館)이었던 그는 왜구를 섬멸한 공로로 제주 목사로 임명되었다.
그는 관아 비용으로 좋은 말을 구입해 조정 대신들에게 두루 선물로 보냈는데 평소 청렴했던 최환이 그것을 물렸다. 이 일로 남치근이 최환을 미워하기 시작하였다.

"왜구가 침입하였는데 나주목사는 생쥐처럼 어디에 숨어 있느냐?"

소막이 기회다 싶어 남치근에게 거짓으로 일러바쳤다.

"선발대가 나주에 도착하였는데 개미 새끼 한 마리도 보이지 않았습니다. 하인 한두 명이 고작이었습니다. 누구도 환영하지 않았습니다. 목이 말라 소주 한 잔 달라고 사정하였더니 한참 후에 가져왔습니다. 나주목 관원들이 한통속이 되어 방어사님을 조롱하고 있습니다."

"최환 이놈이! 지난번에도 나를 무시하더니 오늘 본때를 보여 줘야겠다. 당장 최환의 머리채를 잡고 끌고 오너라."

말이 떨어지기 무섭게 소막이 군졸 10여 명을 데리고 나주목 관아로 달려갔다. 관아에 도착한 소막은 관아 문을 발로 차며 막무가내로 큰소리를 쳤다.

"방어사님의 명을 받아라! 군율을 어긴 사또 최환은 나와서 무릎을 꿇어라! 어디에 숨었느냐?"

일개 병졸에 지나지 않은 소막의 막무가내 행동에 아무도 말 못 하고 벌벌 떨고 있었다. 사또가 나오지 않자 소막이 신발을 신고 사또의 방으로 들어갔다. 흉복통으로 누워있는 사또를 보자마자 머리채를 낚아챘다. 병시중하던 관기들이 앞다투어 소막의 행동을 막으려 했지만 역부족이었다.

"이게 무슨 짓이요? 사또께서 병중인 게 보이지 않소?"
"관기 주제에 나를 훈계하는 것이냐?"

말이 떨어지게 무섭게 소막이 관기를 걷어찼다. 관기 2~3명이 온몸을 던져 사또를 보호하려 했지만, 힘센 사내들 앞에서는 맥없이 떨어지는 낙엽이었다.

머리채가 잡혀 최환이 방에서 끌려나가자 관기들이 눈물을 흘리며 부르짖었다. 소막의 행패는 도를 넘어섰다. 소막은 뾰족한 신발 끝으로 최환을 발길질하면서 남치근 앞으로 끌고 왔다. 성질이 급하고 포악하기로 이름난 남치근은 최환을 보자마자 과거 일을 생각하며 죽이려 달려들었다.

"이런 교만하고 사나운 문관(文官)은 이번 기회에 제거하는 것이 옳다. 감히 전하의 명을 받아 내려온 나를 무시한 죄는 반역죄에 해당한다. 군율에 따라 최환의 목을 치겠다!"

남치근이 칼을 뽑았다. 이를 지켜보던 모든 사람들이 아연실색했다. 남치근은 최환의 목을 치는 데 주저함이 없었다.
시퍼런 칼날이 허공을 갈랐다. 그 순간 최환이 남치근의 손목을 잡았다.

"이게 무슨 짓이오!"
"이놈 감히 군율에 따른 집행을 막는 것이냐!"
"느닷없이 쳐들어와서 목을 치려하는데 어느 누가 순순히 받아 들이겠소."

남치근의 칼이 허공에 멈춰 섰다. 최환과 남치근이 일촉즉발 서로의 얼굴을 노려봤다.

"항명이다! 항명이야!"

소막이 소란을 피웠다.

"방어사가 왔으면 응당 목사가 직접 나와 맞이하고 그동안의 경과와 앞으로의 상황을 보고하는 것이 마땅한데 너는 벌건 대낮부터 관기들 치마폭에 싸여 의무에 소홀하였다."

"그것이 아니라 흉복통이 심하여 차마 몸을 일으킬 수도 없는 지경이었소. 관기들은 내가 걱정되어 자발적으로 찾아와 병시중을 든 것이오."

"맞습니다. 사또께서는 저희와 음주가무를 즐기던 것이 아닙니다."

"닥쳐라! 어디 양반들이 이야기하는데 기생이 끼어드느냐."

  남치근의 호통에 기생들의 입이 쏙 들어갔다.

"선발대가 먼길을 달려와 허기가 지고 목이 마른데 음식과 술에 인색하였다고 들었다."

"거짓이오. 부하들이 음식과 술을 내주고 전시이니 자중하라고 부탁하였으나 이를 무시하고 음식과 술 타박으로 폭언을 행하였다고 보고받았소."

"거… 거짓이옵니다. 저는 점잖게 요청하였으나 거절당했습니다. 제가 방어사님의 부장이라고 알렸음에도 이런 무시를 당했으니 이는 방어사님을 업신여긴 것입니다."

  소막이 뻔뻔하게 거짓을 고했다.

"그게 아니면 혹시 아직도 과거의 앙금 때문에 이러시오?"

"닥쳐라!"

정곡을 찔린 남치근이 최환에게 발길질을 가했다. 몸 상태도 안 좋은 데다가 본디 갖은 육체의 힘에서도 상대가 되지 않은 최환이 뒤로 굴렀다. 남치근이 칼을 높이 들고 최환에게 달려들었다. 최환은 꼼짝없이 죽은 목숨이었다.

"멈추시오!"

그 순간 함께 따라온 사인(舍人) 이언경(李彦憬)이 둘 사이를 가로막았다. 이언경은 사간원 지평으로 일한 후, 암행어사로 파견되었던 인물이다. 명종에게 민심을 수습하도록 건의하는 등 백성의 고초를 아는 그였기에 방어사를 보좌하도록 하였다.

사인(舍人)은 의정부 정4품의 관직으로 국왕과 의정부의 사이에서 가교 구실을 하는 중요한 임무를 담당하였다.

"방어사께서 죄 없는 사또를 죽인다면 조정에 뭐라고 보고하겠습니까? 더구나 나주목사는 명망이 있는 선비이고 남주(南州) 백성들에게 사랑을 받고 있습니다. 그런데 방어사라는 직책으로 최환을 죽인다면 삼군(三軍) 병사들의 마음이 해이해질 것입니다."

이언경의 직언에 최환을 참형하려 했던 남치근이 물러섰다.

"최환의 죄는 참형이 마땅하지만 사인(舍人)의 만류를 참고하여 죽이지는 않겠다. 이번 참에 못된 버릇을 고쳐 주마. 몽둥이를 가져오너라."

조선은 사또의 나라다

남치근의 모진 매질이 시작됐다. 칼보다 고통스러운 매타작이었다. 며칠간 흉복통으로 몸이 약해져 있던 최환은 말하기도 힘들뿐더러 저항할 기력도 없었다. 그러나 수십 대의 매질을 당하면서도 신음소리 한번 내지 않았다. 이에 눈이 뒤집힌 남치근은 더욱 흉폭해졌다.

결국, 버티지 못한 최환이 죽고 말았다. 이 광경을 지켜본 나주목 백성들이 눈물을 훔쳤다. 조선왕조실록에 최환의 죽음을 지켜본 나주 백성의 마음이 전해지고 있다.

"나주의 백성은 모두 슬퍼하였고, 남도의 선비들은 분기(憤氣)와 억울한 감정을 갖지 않은 사람이 없었다."『명종실록, 1558년 1월 10일』

"사신은 논한다. 왜구들이 감히 멋대로 돌격하게 된 것은 장사(將士)들이 두려워하여 물러나 움츠렸기 때문이었다. 그런데 왜구들은 공격하면 무너지고 쫓아가면 도망하여 조금만 군사의 위엄을 보여도 도망하여 숨기에 바빴다. 영암에서의 승전도 효용군(驍勇軍) 10여 명이 먼저 싸운 데에서 얻어진 것이다. 이때 조안국은 영산진(靈山津)에 있었고 남치근은 남평현에 있었다. 진실로 김경석과 안팎에서 서로 호응하였다면 그 하찮은 도적들을 거의 하나도 남김없이 섬멸할 수 있었을 것이다. 이번에 모든 장수가 모두 두려워하는 마음을 가져 김경석은 성안에서 떨고만 있고, 감히 머리를 내놓지 못하였다. 남치근과 조안국은 모두 먼 지경에 군사를 주둔하고 나아가 치려고 하지 않았다. 비록 왜적이 이미 패한 뒤에 쫓아가기는 했지만, 또 때에 맞추어 추격하지 않아 왜적들이 무사하게 배에 오르게 했으니 통분함을 견딜 수 있겠는가?"『명종실록, 1562

   죄 없는 최환을 죽였지만, 남치근은 운 좋게 왜구를 물리치는데 몫을 하였다. 영산강을 따라 퇴각하는 왜구를 절도사 조안국과 협력하여 남평(현재 나주시 소재)에서 격파하였다. 그러나 명종실록을 기록한 사신은 남치근이 멀리서 구경만 했을 뿐 전투에 공이 없었다고 깎아내렸다. 만약 왜구를 토벌한 공이 없었다면 남치근도 무사하지 못했을 것이다.

   최환을 죽이고 걱정스러웠던 나머지 그는 서울로 올라오자마자 이언경을 붙잡고 애원을 하였다.

"사인은 나를 살려 주시오."
"지금 사헌부와 사간원 양사(兩司)에서 모두 차자를 올려 당신의 죄를 논하려고 있소이다. 살고 싶으면 윤원형 대감을 찾아가시오."

   윤원형은 문정왕후의 동생으로 명종을 능가할 정도로 권력과 재력을 독점하면서 조정을 전횡한 외척의 대표적 인물이다. 곧바로 윤원형을 찾아간 남치근은 가지고 있는 많은 재물을 뇌물로 바쳤다. 그리고 대사헌을 지낸 조사수(趙士秀)와 사돈 관계를 맺었다. 양사에서 공론이 일어났지만 윤원형의 위세에 눌려 누구도 반론하지 못하였다. 이를 지켜보고 실록을 기록한 사신은 한탄하였다.

"참으로 탄식할 만한 일이다."

최환은 청렴하고 부지런한 인물이었다. 서장관으로 중국에 갔을 때 외국의 재물을 탐하여 가져온 것이 하나도 없었다. 그의 관직 생활을 살펴보면 1540년(중종 35년) 첫 지방관으로 부임하여 경상도 고성현령으로 일하면서 선정을 베풀었다.

경상도 관찰사 심연원(沈連源)이 서장(書狀)을 올렸다.

"고성 현령(固城縣令) 최환은 백성에게 자애로웠고 학문을 가르치는 데 전념하였다. 깨끗하고 청렴한 데다 백성을 힘들게 하지 않았으며 세금을 가볍게 하여 백성들이 모두 편안히 생업에 종사하게 하였다."

많은 사또들의 성과가 있었지만 중종은 최환만 진급시켰다.

"최환은 자급(資級)이 아직 3품에 이르지 않았으니 진급시키는 것이 마땅하다."

1542년에도 경상도 관찰사 이청(李淸)이 계본(啓本, 왕에게 담당 업무에 대해 보고·건의하기 위해 올리던 문서)을 올렸다.

"고성현령(固城縣令) 최환(崔渙)은 흉년과 기근이 심할 때 백성들을 굶주림에서 벗어나도록 도왔습니다. 백성들이 많이 모여 있는 곳을 찾아가서 정성을 다하여 구제하고 부모라고 불렸습니다. 심지어 길가에다가 별도로 음식을 장만하여 굶주린 백성을 살렸습니다."

"마음을 다하여 흉년으로 어려움을 겪는 가난한 백성을 살린 최환을 승진하여 포상하라."

전라도 어사(御史) 윤주(尹澍)의 보고에 명종이 명하였다.

"장흥 부사(長興府使) 한온(韓蘊)은 마음을 다해 돌보아 백성을 구제하였고 나주 목사(羅州牧使) 최환, 남평 현감 나응허(羅應虛), 강진 현감 홍언성(洪彦誠), 해남 현감 변협(邊協)이 바로 다음이다. 장흥 부사는 승진시키고, 최환을 비롯한 네 고을에는 향표리(鄕表裏) 각 1벌씩을 내리라."

남치근에게 맞아 죽기 3달 전에도 최환은 명종으로부터 상을 받았다. 최환과 함께 상을 받았던 장흥부사 한온은 3개월 후 해남에서 왜구를 막다가 전사한다.

사인 이언경이 평가하듯이 최환은 청렴한 선비이면서 백성들에게 존경과 사랑을 받았던 사또였다. 병조참판까지 승진한 남치근은 이후에도 많은 사고를 쳤지만, 실세 윤원형이 뒤를 봐주어 승승장구하였다. 그러나 도를 넘는 행동이 이어지자 사간원에서 남치근의 파직을 청하게 된다.

"병조 참판 남치근은 성품이 본디 사납습니다. 을묘왜변(倭變) 때 전라도 방어사가 되었으나 승전(勝戰)의 공은 조금도 없고 죄 없는 사람을 수없이 죽였습니다. 지금도 남쪽 사람들은 그를 죽이고 싶어 합니다. 사사로운 분노로 나주목사(羅州牧使) 최환(崔渙)을 장살(杖殺)하였습니

조선은 사또의 나라다

다. 이렇게 거칠고 사나운 사람은 결코 조정의 반열에 끼워 줄 수 없는 데 중요한 지위에 있습니다. 그를 파직하여 잔혹한 무리를 징계하소서."
『명종실록, 1558년 1월 10일』

그러나 명종은 병조참판의 자리를 내려놓으라고 했을 뿐 죄를 묻지 않았다.

늦은 밤, 고급 기생집에 남치근이 바짝 엎드려 있었다. 그의 손에는 두꺼운 문서 몇 장이 들려 있었다.

"대감, 이것은 저희 가문 대대로 내려온 선산의 땅문서이옵니다. 앞에는 강이 흐르고 뒤에는 산이 두르고 있으니 조선 제일가는 명당이옵니다."

남치근은 맞은 편에 앉아 술잔을 기울이는 윤원형에게 문서를 내밀었다.

"허허. 내가 이런 거 받자고 조정에서 자네 편을 든 것은 아니네만. 이토록 간곡히 바치는 정성을 외면하는 것도 예의는 아닐 듯하니 이번 딱 한 번만 자네 마음을 받겠네."
"감사합니다. 대감."

남치근은 윤원형이 문서를 챙기는 것을 확인한 뒤에야 안심했는지 자신의 술잔을 들었다. 그때 윤원형이 갑자기 생각난 듯 얘기를 꺼냈다.

"아! 헌데 말이야. 자네 나주목사 최환을 벌하여 죽인 일이 있었나?"

"예? 하오나 그것은 군법에 따라 엄히 행한 것이지. 사사로운 감정 따위는 없었습니다."

"그렇겠지. 자네가 어디 그럴 사람인가. 하지만 최환이 워낙 조정에 신망이 두터운 사람이다 보니 여기저기 그 일을 문제 삼는 사람이 많아."

"최환, 그놈이 죽어서도 제 앞길을 막는군요. 무슨 방법이 없겠습니까? 대감."

윤원형이 남치근이 찔러준 땅문서를 만지작거렸다.

"있지. 있고말고."

"그것이 무엇입니까?"

"자네 임꺽정이라고 아는가? 의적이라고 자청하는 도적떼인데 임금께서 그놈 때문에 아주 걱정이 많으시네. 누구든 수단 방법을 가리지 말고 임꺽정을 잡아들이라고 매일 성화셔."

"수단 방법을 가리지 말고 말입니까?"

남치근과 윤원형이 교환하는 눈빛에 붉은 핏빛이 오갔다.

1562년(명종 17년) 토포사(討捕使, 각 진영에서 도둑 잡는 일을 맡아보던 벼슬)로 임명된 남치근은 죄 없는 백성과 병사들을 살육하였다. 의적 임꺽정을 잡아 효수하는 과정에서 남치근의 포악한 행위가 문제가 되었다.

임꺽정 무리를 토벌한다는 명분으로 남치근은 백성을 닥치는 대로 체

조선은 사또의 나라다

포하여 모질게 심문했다.

　사간원에서 포악한 행위를 한 남치근을 파직시킬 것을 청하였다.

"토포사 남치근은 평소 엄하고 포악한 장수로 이름이 나 있습니다. 오로지 위세와 무력만을 능사로 삼아 마구 살육을 자행하였습니다. 죄 없는 최환을 죽이고도 두려운 마음가짐으로 경계하여 전날의 실수를 고쳤어야 마땅하거늘 지금도 그 버릇을 고치지 않고 있습니다. 만약 훗날에 지금보다 더 큰 일이 벌어져서 그에게 군대를 지휘하게 할 경우, 그 환란은 이루 말할 수가 없을 것입니다."

　사헌부도 거들고 나섰다.

"도적의 괴수 임꺽정이 죽기는 하였으나 죽고 다친 병사와 백성의 수가 과연 얼마나 되는지 알 수도 없을 정도입니다. 백성들의 원한과 고통은 이미 극에 달해 들리는 바에 의하면 그 참혹함은 말로 다 할 수가 없습니다. 그리고 임꺽정을 잡을 때 남치근은 평안도에 있었기 때문에 무슨 공이 있겠습니까? 그런데도 그에게 책벌(責罰)은 가하지 않고 오히려 승진을 시켜 주시니 지극히 온당치 못합니다. 그를 파직시켜 잘못을 징계하시고 상가(賞加)하라는 명을 도로 거두소서."

　그러나 명종은 임꺽정을 잡은 공을 이유로 남치근을 용서하였다.

"지금 군령이 해이해졌다. 장수 된 자가 위엄을 세우지 않는다면 어떻게 일을 이룰 수 있겠는가? 비록 무리한 실수가 있었다고 할지라도 그의 공이 허물을 덮을 만하니 윤허하지 않는다."

다시 사헌부가 나섰지만, 명종은 단호하였다.

"중도(中道)를 벗어난 실수가 있었다고 하는 말은 전파된 말이니, 어찌 모두 사실이라고 하겠는가? 다만 추고하여 스스로 그 사실을 알도록 하면 될 뿐이다. 윤허하지 않는다."

이에 대해 명종실록을 기록한 사관이 명종을 비난하였다.

"죄가 있는데도 벌을 주지 않고 공이 없는데도 상을 남발하니 이것이야 말로 군령이 해이해지는 연유이다. 남치근이 호남 지방에서 왜구를 막을 때에 머뭇거리다가 실기(失機)한 죄가 있는데도 형벌이 가해지지 않았다. 해서(海西) 지방에서 임꺽정을 잡을 때, 아무런 방략(方略)이나 지휘한 공이 없는데도 벼슬과 상을 줬다. 장수를 대우하는 것이 이 모양이면서 군령이 어그러지지 않기를 바란다면, 이 또한 어려운 일이 아니겠는가?"

사관은 임꺽정 같은 도적이 횡행하는 원인을 정치의 잘못에서 찾았다. 외척 윤원형을 비롯한 집권 세력은 여전히 수탈에만 열을 올리고 백성을 더욱 궁지로 몰고 있었다. 굶주린 백성 중 일부는 살아남기 위해 도적이 될 수밖에 없었고 그 결과 임꺽정 무리가 황해도 일대에 횡행하게 되었다.

임꺽정은 정치를 잘못한 조정이 만들어 낸 의적이었다. 토포사 남치근이 병사와 백성을 죽여 가면서 임꺽정을 끈질기게 추적해 임꺽정을 사로잡아 난은 종식되었다.

명종을 비롯한 온 조정은 앓던 이를 뽑은 듯 쾌재를 불렀고 토벌의 일등 공신인 남치근은 승진하였다. 그러나 황해도 백성들의 피해는 몇 년 동안 임꺽정 도적이 끼친 피해보다 석 달 동안 남치근의 토벌군이 끼친 게 더 컸다. 그런데도 남치근은 토지와 노비를 하사받아 부와 명예를 누렸다.

나주목사 최환의 억울한 죽음은 당시 명종실록을 기록한 사관만 알아주고 있을 뿐이다.

조선은 사또의 나라다

참고문헌

『중종실록(中宗實錄)』

『명종실록(明宗實錄)』

『국조방목(國朝榜目)』

『연려실기술(燃藜室記述)』

『묵재일기(默齋日記:1535~1567)』

[네이버 지식백과] [남치근(南致勤)](두산백과)

[네이버 지식백과] [을묘왜변(乙卯倭變)](두산백과)

[네이버 지식백과] [최환(崔渙)](한국민족문화대백과, 한국학중앙연구원)

허윤만,『신동아 2017년 1월호』, 한국고전번역원 연구원

너무 다른 할아버지와 손자
광주목사(光州牧使) 조희보, 조운한

북쪽 지방에 기근(饑饉)이 들어 길에서 굶어 죽는 백성이 속출하자, 조정에서 논의 끝에 조희보(趙希輔, 1553~1622년)를 어사(御史)로 임명하였다.

함경도로 올라간 그는 백성들의 집을 찾아가 위로한 후 관아 창고를 열어 곡물을 나누어 주었다. 그 공을 인정받아 그는 1606년 광주목사로 제수되었다.

그는 만삭의 부인 최씨(당시 28세)와 큰아들과 둘째 딸을 데리고 광주에 내려왔다. 첫째 부인과 사별 후 인생 끝자락에 최씨를 만나 부임 1년 전에 결혼하였다. 그리고 그의 나이 54세, 제법 늦은 나이에 막내를 갖게 되었다.

광주 부임 후 곧바로 산모의 진통이 시작되자 조희보는 관아보다 더 좋은 환경에서 아이를 출산하고 싶었다. 겨울 날씨로 접어드는 음력 10월 초, 관아 내아(內衙)보다 따뜻한 사가(仕家)에서 출산하는 게 더 나았기 때문이다.

종종 관아에서 아이를 출산하는 일도 있었지만 그는 수소문 끝에 관아에서 두 시간 거리의 박창우(朴昌禹) 집(현재 광산구 비아동)으로 최씨를 보냈다.

칠졸재 박창우는 비아도촌 출신으로 병자호란 때 의병을 일으켜 광주 선비들에게 추앙을 받던 인물이다.

1636년 병자호란 때 청나라의 침략으로 인조가 남한산성으로 피신하자 왕을 구하겠다는 일념으로 의병을 일으켜 청주로 향했으나 이내 임금이 청나라에 항복했다는 소식을 듣고 북쪽을 향해 통곡하고 돌아와 은둔생활을 했다. 그는 일생을 마치기까지 분통한 마음에 청나라 방향을 향해 앉지도 않았으며 청나라 물건을 사용하지도 않았다고 한다.

얼마 후 태어난 조희보의 늦둥이 아들은 병조참판과 대사헌을 지낸 조형(趙珩, 1606~1679년)이다. 조형은 1655년 대사간이 되어 조선통신사로 일본을 다녀와 『부상일기(扶桑日記)』를 남겼다. 이 책은 통신사 연구뿐만 아니라 17세기 중반 한일관계의 특징을 살펴볼 수 있는 중요한 자료이다.

현재에도 조희보의 아들 조형이 태어난 태자리(광주광역시 광산구 비아동 중흥아파트 뒤쪽 어린이 공원 내)에 '취병조형유허비'가 세워져 있다.

1872년 조희보의 7세손 조운한(趙雲漢)이 광주목사로 내려와서 선조 조형이 태어난 곳을 찾기 시작하였다. 박창우의 집은 후대로 오면서 가세가 기울어져 그 이후 자취가 사라졌다. 어렵사리 박창우의 종손(宗孫)과 관련 문서를 찾은 조운한은 267년이 지난 1873년 5월 14일, 조형의 태자리에 유허비를 세웠다.

조형은 광산구 비아동에서 태어나 1611년(당시 6세)까지 광주목 관아에서 생활하였다.

조희보는 아들 조형을 비롯하여 가족과 함께 여유롭게 일상을 지내고 싶었는지 서울로 올라가는 것을 미루고 6년 동안 광주목사로 일하였다. 문과 출신들은 서울로 올라가기 전에 지방관을 역임해야 했는데 전라도에서 광주와 나주만큼은 피하였다. 큰 고을이어서 민원이 많고 여기에 지역 토호와 아전의 텃세가 심하여 자칫 앞길을 가로막는 걸림돌이 될 소지가 다분했기 때문이다.

산전수전을 겪은 노련한 지방관이었던 조희보도 어려움에 봉착하였다.

———
1607년(선조 40년) 4월 초

광주(光州)에 가뭄이 한창 심하여 백성들이 모두 일손을 놓고 있었다. 젊은 시절 충청도 도사와 예천군수로 일하면서 가뭄을 여러 차례 경험했던 조희보는 관원들과 대책 마련에 머리를 맞대었다.

광주지역 백성들의 동향을 판관이 보고하였다.

"한 달이 지나도록 비가 오지 않아 백성들이 자포자기 상태입니다. 민심을 달래기 위해서라도 무등산에 기우제를 드려야 하지 않겠습니까?"

기우제가 근본적인 해결책이 될 수 없다는 사실을 아는 조희보는 고개를 가로 저었다.

"비가 내린다면 천 번이라도 기우제를 지낼 것이나 지금은 기우제보다

조선은 사또의 나라다

는 논밭을 갈고 씨를 뿌려야 한다. 관고에 곡물이 어느 정도 남았느냐?"

광주목 살림을 맡은 예방이 대답하였다.

"환곡으로 절반을 빌려주고 남은 곡물이 상당히 있습니다."
"창고의 곡식을 풀어서 이 가뭄을 극복하도록 하자. 관원 모두가 백성들에게 직접 찾아가서 논밭을 갈고 씨를 뿌리도록 유도하여라."

 판관을 비롯한 아전들이 손사래를 쳤다.

"사또. 비축미는 반드시 남겨 두어야 하는 곡물입니다. 법을 어기고까지 나누어 줄 명분이…."
"무슨 소리냐? 내가 부임해서 쓸데없는 비용을 절약하여 비축한 곡물을 나눠 주자는 것이다."

 조선 시대 국법에는 관고의 양곡 가운데 절반은 환곡으로 백성들에게 대출하고 나머지는 남겨 두어야 했다.
 이를 위반하면 수령과 아전 등 관원 모두 처벌받게 되어 있었다. 창고에 곡물이 있어도 환곡을 정한 액수 이상 대출해 주는 것도 불법이었다.
 창고를 담당하는 예방이 나섰다.

"창고를 가득 채워 조정에 보고하면 사또 나리뿐 아니라 관원들이 상(賞)을 받을 좋은 기회입니다."

조희보가 웃으며 이야기하였다.

"상을 바라고 절약하지 않았다. 백성이 어려울 때 함께 나누는 게 내 뜻이다."

20리가 넘는 광산구 비아동까지 부인 최씨를 보낸 것 또한 관아의 비용을 절약하려는 방편이었을 것이다.

광주 백성들은 언제 가뭄의 단비가 올지 몰랐지만, 사또의 적극적인 독려에 마지 못해 논밭을 갈고 씨를 뿌렸다.

얼마나 지났을까? 신기하게도 때맞춰 비가 내렸다. 제 때에 씨를 뿌린 광주목만 그해 풍년이 들었다.

암행어사가 그간의 사정을 조정에 보고하여 선조로부터 표리(表裏)를 하사받았다.

다음 해, 전라도 수령 가운데 치적이 가장 뛰어난 수령으로 평가된 조희보는 통정대부(通政大夫)의 품계로 승진하였다. 광주목사로 부임한 사또 가운데 임기 중에 승진한 인물은 조희보가 유일하다. 6년의 임기를 마치고 떠난 조희보를 기리기 위해 광주 백성들이 송덕비(頌德碑)를 세웠다.

『일사집(一査集)』을 지은 광주 오치 출신 이함일(李涵一, 1563~1621년)은 조희보가 떠난 후 조정에 상소를 올렸다.

광주는 '부역이 힘들고 백성이 궁핍하여 유능한 목사를 부임시켜 달라'라는 상소였다.

조선은 사또의 나라다

이함일이 거론한 유능한 목사는 조희보(趙希輔), 홍명원(洪命元), 이건신(李廷臣), 성의안(成安義), 이경함(李慶涵)이었다.

조희보의 손자 광주목사 되다

조희보가 떠나고 270여 년이 지난 1872년, 조희보의 7세손 조운한이 광주목사로 부임하였다.

조운한은 부임하자마자 광주 이곳저곳을 동분서주하였다. 하루가 멀다고 3시간을 걸어 광산구 비아동까지 간 그는 수소문 끝에 할아버지 조형의 태자리를 찾아냈다. 의병 박창우의 집이라는 사실을 알고, 그 자리에 유허비를 세웠다.

유허비를 세울 때만 해도 광주 백성들은 그를 효(孝)가 지극한 어진 사또로 여겼었다.

조운한은 45세, 당시로 치면 손자를 볼 나이에 진사에 합격하여 관직 생활을 시작하였다. 그때만 해도 할아버지 조희보 못지않은 훌륭한 사또였다.

1867년, 경상도 영산현(경남 창녕군) 현감으로 일할 때 그의 큰아들은 옆 고을 진주목사로 일하고 있었다. 같은 지방관이었지만 아들의 품계가 아버지보다 훨씬 높았다. 정년을 앞둔 59세의 나이에 비로소 영산현감으로 부임한 그는 진주목사였던 아들에게 도움을 받아 백성들의 경제적 부담을 덜어 주었다. 그가 떠난 후 창녕군 남지읍에 선정비가 세워졌으며, 아들 진주목사와 일화 또한 『창녕읍지』 '설화' 편에 실려 있다.

1867년, 조운한이 영산현감으로 있을 때 나이가 60세에 가까웠다. 영산현 백성들이 송진 나루에서 국세를 배에 실어 경남 밀양 삼랑진에 바치고 있었다.

그러나 국세를 배에 싣고 가다 홍수가 나서 파선되기도 하고 도적들에게 양곡을 빼앗기기도 하였다.

"사또, 세곡을 송진나루에 내도록 하여 주십시오. 거기서부터 나라에서 책임지게 되면 영산현 백성들의 부담이 줄어들 것입니다."

주민들의 진정을 듣고 조 현감은 몇몇 관속을 거느리고 진주목사를 찾아갔다.

진주목 동헌에 도착했는데, 조 현감이 가마에서 내리지 않았다. 진주목사를 만나려면 마땅히 동헌 앞에서 걸어가야 하는데 버젓이 가마를 탄 채 동헌 마루까지 가는 게 아닌가?

"사또! 내려야 됩니다."
"그냥 가자! 괜찮다."
"안 됩니다."

조 현감은 '괜찮다'라는 소리만 할 뿐 가마에서 내릴 기색이 없었다. 함께 간 영산현 관원들은 간이 콩알만 해졌다. 진주목사가 멀리서 보이자 당장 불호령이 떨어질 것 같아 지레 겁을 내고 있었다.

목사가 대청에서 뛰어 내려왔다.

"아버님, 오셨습니까?"

진주 목사는 바로 조운한 현감의 아들이었다. 아버지의 건의를 받은 진주목사는 곧바로 국세를 송진나루까지만 운반하도록 조치하였다. 이후 영산현 주민의 부담과 노역이 크게 덜게 되었다.

영산 고을에는 오랫동안 '아들은 목사, 아버지는 현감'이라고 하는 말이 돌아 오늘날까지 전한다.

'현감조후운한애민선정비'라고 새긴 비석을 남지읍 성사리 주민들이 1876년에 세웠다. 이 비는 지금도 성사리 황새목에 서 있다.

조상 얼굴에 먹칠

경상도 영산현에서 선정을 베풀었던 조운한은 이후 영전을 거듭하였다.

그는 1872년, 60세가 한참 넘은 나이에 대를 이어 광주목사로 부임하였다.

하지만 광주에서 퇴직 후 편안한 노후를 계획했는지, 그는 재임 2년 동안 온갖 유형의 범죄를 저질러 돈을 긁어모았다. 암행어사에게 발각되어 의금부에서 조사한 범죄 기록을 보면 입이 다물어지지 않는다.

조선 말기로 접어들면서 향청의 역할이 축소되어 아전의 인사권이 점차 수령에게 넘어갔다. 이를 약삭빠르게 이용한 조운한은 꼬투리를 잡아 차례로 아전을 해임하고 이들을 복직시킬 때 1,000냥의 뇌물을 받았다.

재채용 대가로 약 2000~3000만 원의 뇌물을 받은 것이다. 관아의 아전뿐 아니라 서창(西倉)의 창고지기가 막대한 수입을 챙기는 자리라는 걸 알고 1,200냥을 받고 임명하였다.

세금이 면제된 재해 지역에서 세금을 거둬들이고 세곡 운반비를 횡령하였다. 더욱 기막힌 것은 백성들에게 빌려주고 남은 절반의 곡물을 비싼 이자를 받고 챙겼다.

'환곡을 빌려주고 절반은 비축미로 남겨 두지 않으면 처벌을 받는다'라는 법을 어기고 아전을 해임하는 등 막무가내로 인사권을 전횡하였다. 조정에 내야 할 세금도 내지 않고 가로챘다.

그의 극악무도한 범죄를 가로막을 사람은 아무도 없었다. 아전의 인사권까지 독점하는 지경에 이르러서는 견제할 세력이 사라져 광주목이 조운한의 손아귀에서 놀아났다. 그야말로 광주목의 왕은 조운한이었다.

광주목사로 2년 동안 있으면서 그가 뇌물로 받거나 세금으로 가로챈 금액이 무려 2만 2,000냥이나 되었다.

약 3억 원가량을 착복한 것이다. 공무원이 3억 원 이상의 뇌물과 횡령, 배임을 저지르면 지금도 10년 이상 징역형에 처해진다.

1875년 1월 21일, 조운한의 죄에 대해 조율하여 보고하는 의금부의 조목에서 그의 죄를 엿볼 수 있다.

"원 문건은 첨부하였습니다. 전 광주 목사 조운한에 대한 본부의 의계에, '환자곡의 가분(加分)을 조사해 내어 취하여 썼으니 이것이 무슨 도리이며, 백성의 원납전을 그대로 개인 주머니에 귀속시켰으니 완전히 법기를 무시한 것입니다, 그 밖에 뇌물 받은 것이 탐오하지 않은 것이 없습니다'라고 하였습니다. 이것으로 조율하니, 죄가 장 일백을 때리고 고신을 모두 추탈하고 유삼천리 정배하는 데에 해당하며, 사죄입니다."

고종은 의금부의 보고에 따라 조운한의 벼슬을 박탈하고 재산을 몰수하였다. 그리고 장 백 대를 때린 후 3천 리 밖으로 유배를 보냈다.

할아버지 조형의 태자리에 유허비를 세웠던 조운한은 존경 받는 광주 목사였던 조희보와 통신사로 일본에 영향을 끼치고 일본인들의 공경을 받았던 조형의 얼굴에 먹칠을 했다.

광주목사로 일하는 2년 동안 매관매직과 횡령, 배임 등 악행을 일삼다가 암행어사에게 발각되었다. 조선말 최대 뇌물 사건의 주인공이 된 조운한은 정년을 앞두고 재물에 욕심을 낸 듯하다. 그때 그의 나이 64세였다.

뇌물과 비리로 얼룩진 조운한의 이력이지만 조형의 태자리를 찾아 유허비를 세워 숨겨져 있던 박창우를 세상 밖으로 끄집어낸 점은 높이 살 만하다. 이는 당시 광산구 비아지역의 사회상을 연구하는 데 일조하였으며 향토사 연구에 귀중한 자료이기도 하다.

유허비는 화강석 1장을 이용하여 비의 지붕과 몸체를 동시에 조성하였다. 기단석은 별개로 되어 있으며 형태는 높이가 너비보다 짧다. 지금의 유허비는 택지개발로 인하여 당초에 있었던 곳에서 북동쪽으로 50여 미터 옮겨진 것이다.

참고문헌

『선조실록(宣祖實錄)』

『광해군일기(光海君日記)』

『국조방목(國朝榜目)』

『국조인물고(國朝人物考)』

『연려실기술(燃藜室記述)』

『승정원일기(承政院日記)』

『일사집(一査集)』

『창녕군지』, 2003

박준수, 『비아첨단마을이야기』, 2020

광산구청

「조희보 묘갈명(墓碣銘)」

국조인물고 권51 우계·율곡 종유 친자인[牛栗從游親炙人]

[네이버 지식백과] [조희보(趙希輔)](한국민족문화대백과, 한국학중앙연구원)

조광철, 「광주시립민속박물관 학예연구사」, 광주드림(http://www.gjdream.com)

[네이버 지식백과] [아들은 목사 아버지는 현감(-牧使-縣監)] {문화콘텐츠닷컴-문화원형백과 전통시대 수상교통/뱃길(수상로)}, 한국콘텐츠진흥원, 2006

ⓒ 신광재, 2021

초판 1쇄 발행 2021년 8월 5일
　　　2쇄 발행 2021년 12월 29일

지은이　　신광재
펴낸이　　이기봉
편집　　　좋은땅 편집팀
펴낸곳　　도서출판 좋은땅
주소　　　서울특별시 마포구 양화로12길 26 지월드빌딩 (서교동 395-7)
전화　　　02)374-8616~7
팩스　　　02)374-8614
이메일　　gworldbook@naver.com
홈페이지　www.g-world.co.kr

ISBN　979-11-388-0082-2 (03910)